Olhos que escutam

Olhos que escutam

Alex Júnior

© Editora Serena, 2022

Todos os direitos reservados. É vedada a reprodução total ou parcial desta publicação, por qualquer meio, sem autorização expressa da Editora Serena. Nenhuma parte desta obra pode ser reproduzida ou transmitida em qualquer formato: físico, eletrônico, digital, fotocópia, gravação ou sistema de armazenagem e recuperação de informação. Essas proibições também se aplicam às ilustrações, imagens e outros aspectos da obra. A violação de direitos autorais é punível como crime.

Direção editorial: Soraia Luana Reis
Edição: Estúdio Editorial Logos
Revisão: Mauro de Barros e Monalisa Neves
Assistência editorial: Victoria Viana
Capa, projeto gráfico e diagramação: Aline Benitez
Fotografia de capa: Rudinei Kleber da Silva

1ª edição — São Paulo

Dados Internacionais de Catalogação na Publicação (CIP) de acordo com ISBD

A474o	Junior, Alex
	Olhos que escutam / Alex Junior; direção editorial de Soraia Luana Reis. – São Paulo : Editora Serena, 2022.
	192 p. ; 16cm x 23cm.
	ISBN: 978-65-89902-12-6
	1. Biografia. I. Reis, Soraia Luana. II. Título.
2022-1261	CDD 920
	CDU 929

Elaborado por Vagner Rodolfo da Silva - CRB-8/9410

Índice para catálogo sistemático:
1. Biografia 920
2. Biografia 929

Editora Serena
Rua Cardeal Arcoverde, 359 – cj. 141
Pinheiros – 05407-000 – São Paulo – SP
Telefone: 11 3068-9595
e-mail: atendimento@editoraserena.com.br

Agradecimentos

Este livro foi um grande desafio para superar os intermináveis paradigmas que rodeiam o meu mundo como deficiente auditivo. O tempo me fez capaz de superar o meu algoz, eu mesmo, levando-me a quebrar as limitações que outrora foram criadas pela minha própria visão.

Nesta jornada como um andarilho em busca do meu eu interior, encontrei seres maravilhosos, aos quais registro aqui o meu sincero agradecimento: primeiramente agradeço ao meu pai, Alex de Freitas Alves, meu fiel escudeiro e grande amigo, o homem que não poupou esforços para ver o filho escrevendo seu livro. Ele sempre me deu apoio inextinguível, um amor que atravessa dimensões e, acima de tudo, o mentor que fez da minha vida uma bênção. Eu te amo, meu velho.

Agradeço irrevogavelmente à minha mãe, Carla Geovana Carneiro Leão Alves, uma guerreira que se entregou de corpo e alma para ver o filho crescido tomando as suas próprias decisões, amadurecendo e aprendendo com seus próprios erros. Tudo o que sou, desde a infância até hoje, devo a minha querida mãe, uma mulher incansável e maravilhosa; para mim, igual não há nesse planeta. Eu te amo, mamusca.

Agradeço àquela que me mostrou o mundo dos surdos e dos ouvintes de primeira mão, minha irmã, Moriza Carneiro Leão Alves Machado, uma genuína espartana que jamais desiste nas tormentas da vida. Ela foi os meus olhos para observar o mundo. Meu muito obrigado, mana. Eu te amo.

Tive a honra de encontrar o amigo Marcus Vinicius Ramalho Machado, meu cunhado e minha inspiração, um presente em minha vida. Ele foi o meu primeiro amigo e sempre esteve ao meu lado, na infância, nos momentos deliciosos e nos cruciais. Isto me ajudou a entender o mundo, o outro e a mim mesmo. A você tenho somente agradecimento. Eu te amo, cunhado.

Sempre presente, sempre vigilante, sempre severo, sempre Pai. Deus, Pai de Todos, Aquele que ama a todos nós e nunca nos deixa sós. Nada desta obra, nada do que sou, nada teria acontecido sem a Mão dEle na minha vida. Tudo o que me foi permitido até hoje é porque estive sempre na sombra do Pai. Busquei melhorar a cada dia mais para poder ter a honra de estar apoiado nos ombros de gigantes. Não sou nada sem Ele, sou inútil perante a Ele e sempre serei até o fim dos meus dias.

Peço perdão pelos meus erros e registro a minha gratidão a ti, meu Pai.

Sumário

Agradecimentos 5
O tal mundo silencioso 13
A incansável educação 49
Entendendo as pessoas...85
Metanoia 101
Potencial adormecido 125
Nem tudo é o que parece ser 139
O medo corajoso 151
A intrigante resiliência 163
A nobreza da vitória.. 177
Considerações finais...189

As reais deficiências do ser humano são o preconceito, o desrespeito e a perversidade.

Nas próximas páginas, o leitor terá uma grata surpresa ao desvendar a história do Alex Júnior. Um jovem que nasceu com deficiência auditiva e, com muito esforço e dedicação, conquistou o seu espaço, tornando- se porta-voz de muitos que vivem no mundo do silêncio.

O autor conta de forma emocionante as dificuldades que enfrentou, desde o preconceito e o *bullying* sofridos até a dor causada em seus pensamentos e emoções. Por muitas vezes, Alex sentiu-se só, excluído, mas com a força do amor familiar e da fé em Deus, conseguiu se levantar e seguir o seu caminho.

Sua vida não foi fácil. Desde a infância e mesmo hoje, ele se defronta com a ignorância desumana. Uma deficiência física, psicológica, intelectual, não faz ninguém ser pior que os demais seres humanos. O que nos diferencia é a maldade frente à compaixão, ao preconceito frente à generosidade, a perversidade frente ao amor.

O leitor poderá se ver em muitas situações relatadas no livro. Mesmo que você não seja considerado uma pessoa com algum tipo de deficiência, pode já ter sofrido bullying por não pertencer a um determinado grupo, por ser tímido, por ter escolhas diferentes das daqueles com quem convive. Não importa o que seja, a maldade maltrata a alma de quem recebe tal desprezo e violência.

Alex Júnior o conduzirá por um universo de fé e amor que supera qualquer dor. Você perceberá que pode, sim, ter sucesso. Que a felicidade e a prosperidade estão aí para ser alcançadas. Basta acreditar, ter fé.

Nós temos o poder de escolha, e ele nos traz consequências. Nós somos os responsáveis pelo caminho que escolhemos seguir. É difícil superar a dor, sim, mas é possível. Não permitindo que as outras pessoas escolham por nós. Não aceitando a ofensa de pessoas que carregam a tristeza e a mágoa em seus corações.

Para nós, Equipe Serena, foi um grande presente e aprendizado conhecer Alex Júnior. Aprendemos e crescemos ao conviver com suas dores e amores.

Convido você a embarcar conosco nessa viagem.

O editor

O tal mundo silencioso

Que mundo é esse? Um mundo onde os sons não fazem parte da minha história. Sequer tive o privilégio de escutar o canto dos pássaros e de me encantar com o som das ondas do mar quebrando, o som de um beijo, do apito de um trem, do batimento de um coração humano e dos incontáveis barulhos que nunca conheci. Há tanto a ouvir e nada posso escutar.

Aprendi a viver em um mundo ensudercido, onde o silêncio tomou completamente a minha essência. Ele fez-me completo, preparado às intempéries da vida. Vivo o silêncio e através dele descubro quem sou, onde estou e o que estou fazendo.

Comecei a entender que o tal mundo silencioso era mais do que inicialmente imaginava, se tornara um baluarte que facilitou-me ter visão diferenciada da realidade, e assim pude perceber quem realmente tinha me tornado e ainda o que poderia ser diante das minhas descobertas. Ele lançou-me no desvelar de mim mesmo, numa jornada interior que continua até os dias de hoje.

Aprendo, questiono e vivo.

Vivo, questiono e aprendo num eterno devir a intensidade do silêncio.

Nasci com deficiência auditiva bilateral, com perda profunda. Uso aparelhos auditivos que me acompanharam nas feridas e travessias, se tornaram os pilares que moldaram o estado da minha existência.

Este livro desperta-me as memórias mais tênues dos momentos mais difíceis da minha caminhada como um ser humano em construção marcado pela deficiência.

No ano de 1997, a tecnologia começava a ganhar espaço na vida da humanidade, apesar de estar no início e de forma bem lenta. Foi a época do saudoso *"pc486"*. Não havia as mídias sociais e o celular não estava disponível para a maioria da população. Diferentemente de hoje, pois contamos com um universo de possibilidades diante de nós. Nesse mesmo ano aconteceu algo inesperado para a minha família. Meus pais não sabiam que o segundo filho que estava chegando treze anos depois também viria com deficiência auditiva como a primeira filha. Esta é outra história, a ser contada em outro momento.

Nasci, então, sem saber o que enfrentaria na vida e o que precisaria fazer para me incluir na sociedade. Cheguei para ocupar um espaço significativo no coração familiar. Eu e eles estávamos juntos em um novo desafio. Meus pais precisariam usar de sabedoria para extrair o melhor de mim, em meio ao caos humano. Finalmente começou a mais intrigante trajetória de um deficiente auditivo que assistiria ao desvair da normalidade humana.

Ao nascer, eu não tinha consciência nem do som nem do silêncio. **Não** conhecia nem um nem o outro. Tudo era confuso diante dos meus olhos. Conseguia me reconhecer, porém não percebia o que estava ao meu redor. A privação sensorial auditiva me omitia informações importantes da minha infância e da juventude.

Quando ainda pequeno, o silêncio não me permitia compreender a realidade da vida, compreender as pessoas e as suas ações. Não entendia o que elas falavam e também não compreendia o que acontecia ao meu redor. Não conseguia entender a mim mesmo. Sentia-me confuso e excluído em meio às pessoas. Foi nesse momento que comecei a aprender a fazer a leitura labial. Fui apresentado a um projeto inovador que trata a comunicação de deficientes auditivos, visando à oralização dos mesmos. Nessa época, a técnica da oralização era algo ainda muito novo no tratamento de deficientes auditivos. Os meus pais enfrentam os problemas de frente e buscam sempre formas inovadoras de resolvê-los. Assim, optaram por me oralizarem em vez de me incluírem no universo da língua de sinais, a Libras, que era e ainda é muito utilizada na inclusão social dos deficientes auditivos. Eles perceberam que, como um surdo oralizado, iria me sair melhor no mundo dos ouvintes e, desse modo, me inscreveram no projeto para aprender e treinar. E não é que eles tinham razão?!

Meus pais me colocaram para realizar o tratamento de fonoaudiologia na clínica CRIFAL, localizada no Largo do Machado, na cidade do Rio de Janeiro. Um centro de reabilitação integrado da fala, audição e linguagem. Eles se arriscaram, pois poderia não dar certo, mas graças a Deus foi muito benéfico.

Tenho muito afeto e carinho pelos profissionais da clínica. Eles fizeram-me ser o que sou hoje. Lá conheci a dra. Valderez Prass Lemes, uma pessoa que me ajudou muito. Contei com a colaboração de duas fonoaudiólogas que acompanharam o meu crescimento e jamais desistiram de mim, a Valéria e a Márcia. Nesse centro de treinamento fui aprendendo como ingressar-me no fatídico mundo dos ouvintes, sem ouvir, mas percebendo através da técnica da oralização, fonema a fonema, sílaba a sílaba, palavra a palavra até formar frases. Foi extremamente duro e desgastante para mim e para a minha doce mãe. Ela ficava horas ao meu lado. Eu treinava o que a fono ensinava e levava dever de casa para fazer. Foram milhares de horas, dezenas de meses e muitos anos. Foram dolorosas tempestades que criaram choros e ranger de dentes. Entretanto, hoje é possível constatar que todo esforço foi compensador.

Na infância, eu treinava sem parar para poder me integrar de forma natural e consistente ao mundo, pois sempre acreditei que temos a capacidade de orquestrar e transformar as situações difíceis da nossa existência em lindas melodias.

As intempéries da vida envolvidas pelo fulgor das chamas ardentes e mundanas assolam interminavelmente o nosso ser, mas elas não vieram destruir as nossas histórias, mas ajudar na nossa transformação para que possamos escrever as mais lindas histórias do nosso caminhar, quando experienciamos os momentos mais improváveis da nossa jornada.

O suor causado pelo treinamento é inerente à vida e arraigado em princípios que impomos à nossa mente. Treinar dá sentido ao nosso existir. Se o seu princípio for fraco, nada adiantará trabalhar duro, pois não sairá do lugar. Porém, se o seu princípio for forte e se está trabalhando arduamente, você desenvolverá uma constância intensa, que contribuirá para o seu crescimento.

A repetição leva à perfeição, os erros insensatos nos moldam e os pensamentos nos transformam para melhor ou para pior. Depende do que escolhemos pensar, aceitar e viver.

No começo do treinamento fui submetido ao primeiro estágio de aprendizagem, que é soletrar os fonemas: "a, e, i, o, u". Em seguida aprendi as sílabas (para melhor entendimento, é como se o meu aprendizado do ensino médio já estivesse começado na minha infância). Aprendendo as palavras, as frases e finalmente a construção de textos. Era um treinamento árduo, não era nada fácil, além da distância entre os bairros Campo Grande e Largo do Machado, que dava um *upgrade*. Eu e minha mãe precisávamos acordar na madrugada. Ela, sempre guerreira, se dedicava a me levar ao treinamento sem medir esforços para ver o filho se tornar independente nas suas ações. Existem certamente, mães que sangram, sangram por amor, vislumbram um fio invisível de esperança envolvendo os seus filhos e renunciam aos seus projetos pessoais numa entrega sobrenatural de amor.

Meu pai tem a vontade de mil homens reunidos. Um exímio *viking* que nunca se abala nas trilhas tortuosas da sua nobre vida.

Ele não se poupou nem descansou um dia sequer para dar-me o melhor. Trabalhou dia e noite para ver o seu filho tornar-se alguém forte, capaz de superar as suas expectativas. Ele também tinha razão!

Ele me ensinou que muitas vezes as pessoas buscam o ter em detrimento do ser e isso causa um desgaste psíquico com danos inimagináveis dentro da sua alma. Com isso, eu enxerguei o *"ser"* como uma riqueza que, por mais que eu tenha tudo, se eu não tiver o *"ser"*, terei perdido tudo. Ele me fez acreditar e viver o impossível num processo de superação contínua. É o ferreiro de Deus trabalhando o aço para forjar a espada que corta o silêncio da minha existência.

O tal mundo silencioso foi cada vez mais se tornando o meu cárcere mental, minha prisão de penitência. Meu pai, minha mãe e minha irmã, apesar de serem as pessoas mais próximas, eu não os entendia, eu era uma criança imatura sem a capacidade de ler os seus lábios e entender as suas falas, os via, mas não os ouvia. Contudo, esses momentos de total incompreensão foram determinantes para eu descobrir que tinha o talento de observar as pessoas. Comecei assim a minha carreira permanente de *lifewatcher* (observador da vida), com a ajuda dos meus pais e da minha irmã. Através da nossa convivência pude desenvolver esse dom que hoje é fundamental nas relações humanas nas quais estou inserido, seja em minha vida acadêmica, profissional ou pessoal. Vejo o que outros ignoram, observo o que não falam e vislumbro o que eles têm medo.

A minha escuta nasceu através dos meus olhos, que foram o estupor da existência das minhas sombras interiores, que me encarceraram no meu território mental, privando-me de alcançar o nobre palco para o protagonismo.

E foi dada a largada para a minha história, em que iria buscar a entrada no mundo volátil dos ouvintes, um mundo ao qual não pertenço e que originou a minha intrigante resiliência, permitindo-me ver o oculto, o invisível e o impossível, sempre questionando as mumurações que enevoavam os meus pensamentos, pois a deficiência cobra um alto preço e esta é uma dívida para a vida toda.

Se a inclusão social não é um processo fácil nem para os seres humanos ditos normais, imagine para as pessoas com deficiência. Foram anos na Crifal Fonoaudiologia. Um longo período acordando muito cedo para fazer o tratamento, enfrentando longos engarrafamentos na avenida Brasil, uma extensa e importante avenida que liga várias regiões da cidade do Rio de Janeiro. Uma verdadeira viagem que podia durar em torno de quatro horas, levando em conta que o trajeto normal seria de cerca de uma hora e trinta minutos. Intermináveis engarrafamentos. Uma sempre voraz aventura para ir e retornar para casa, três vezes por semana. Foram anos lutando por algo que era meu e tão somente meu. Eu queria mostrar que, ao contrário do que as pessoas dizem, um deficiente consegue, sim, vencer na vida. Quem cria desculpas terá uma vida evasiva e escassa de riqueza mental e emocional. Será sempre o rascunho daquilo que alguém desenhou.

O apoio eu já tinha, o restante a fazer era comigo e meus pais sabiam disso, de tal maneira que eles me educaram e orientaram para ser capaz de tomar as minhas próprias decisões e realizar as ações nas situações cotidianas. Eles me estimularam a desenvolver responsabilidade pelos meus atos, sem paternalismo, me prepararam para ser um vencedor, para vencer as insólitas guerras mentais, domesticando as sombras mais poderosas que me aprisionavam. Deste modo, consegui aperfeiçoar a cada segundo a resiliência tão desejada, mas pouco conquistada pela maioria das pessoas.

A minha existência é nomeada de *"intensamente constante"*, pois coloco o amor, a paixão, a coragem e a determinação para superar todas as intempéries da vida que ecoam dentro de mim.

A fé dos meus pais, mais uma vez, através da minha performance, era provada. Eles conseguiram se superar no que toca a minha educação, tal era o nível de envolvimento e comprometimento que fizeram destacar-me na escola e na vida. Hoje, coleciono as memórias mais graciosas dos acontecimentos inebriantes que jamais serão erradicados e, por meio deles, vou sempre lembrar-me de como vive um alguém que não suporta a infelicidade e a inércia de viver num mundo vazio e inseguro. Isto mostra que estou no caminho certo. Vivo para crescer, florescer, ser feliz como Deus quer. Basta aceitar, idealizar, transformar e ser a minha melhor versão a cada novo dia.

Sou o resultado do amor e da dedicação. O esforço dos meus pais foi determinante para desenvolver o meu potencial e as minhas habilidades na busca diária de compreender a ponta do iceberg onde por vezes me encontro. E somente consegue enxergar como é viver assim quem conquistou a capacidade de olhar para dentro de si mesmo.

Quando eu estava com 19 anos de idade, lançaram-me de uma montanha com cerca de mil metros de altura e me fizeram, literalmente, voar. Realizei o meu primeiro voo de asa-delta, provando que o medo de olhar para baixo era equivalente ao medo de olhar para dentro de mim. Normalmente não se quer ver, mas é necessário, para avistar o que falta dentro de si, a fim de moldar o caráter e desenvolver o poder volátil da resiliência.

Para mim, a infância é algo único na vida. As nossas experiências irão influenciar o nosso caminho e os instantes que forjam o nosso caráter e criam a nossa identidade. Ajudam a desenvolver a estrutura emocional diante das relações interpessoais e também auxiliam no vislumbre da nossa própria vida, ensinando-nos a lidar com as duras lições, com as crises asfixiantes e com as tristezas insalubres. A nossa criança vivencia o corpo e as emoções, experimenta o que vê, ouve, sente e prova, mas quando se é portador de uma deficiência, a experiência se torna diferente, pois é limitada, ficamos prejudicados em aprender e expressar o que realmente sentimos, uns *"mais"* e outros *"muito mais"* limitados, como diz o meu pai. A privação sensorial nos afeta na compreensão de quem somos, criando indícios de personalidades consumidas pelos nossos próprios temores, fazendo com que não saibamos separar os nossos próprios pensamentos e, assim, acabamos isolados no vasto mundo do vazio existencial.

Criamos um redemoinho de perguntas nocivas que envenenam os nossos ossos e a nossa consciência, nos privando da percepção de estarmos seguros. Elas atormetam e persistem:

— *O que eu faço?*
— *Eu sou inútil?*
— *O que as pessoas pensam?*
— *Que tipo de vida terei?*
— *Quem realmente eu sou?*

Estas perguntas não só pertencem aos deficientes, como também fazem parte do mental das pessoas ditas *"normais"*. Interessante, não é?!

Somos diferentes? Somos! Mas em que, já que enfrentamos as mesmas perguntas que assombram a nossa mente?

A diferença está no quanto você se importa com a sua vida e o que você faz dela.

Ter uma ou mais limitações sensoriais demandará um conjunto de ações e muito esforço para conseguir se maximizar diante dos possíveis resultados sem se preocupar com um possível declínio no desfecho.

A minha experiência nesta fase de vida foi diferente das outras crianças, visto que descobri muito cedo que não era comum e, por ser rotulado como "diferente", criei um ciclo vicioso e grande de timidez e insegurança que fez as cortinas do palco se fecharem sem eu ter o direito de subir.

Em consequência desse ato, dia após dia fui mergulhando nas perversidades humanas a fim de aprender com os piores carcereiros que as estrondosas intempéries foram criadas a partir de mim mesmo, porém eu sempre esquecia, pois estava muito ocupado com a raiva, a tristeza e a insônia.

Deleitava-me no âmago do meu orgulho e comia o pão da insegurança e da insensatez. Jamais desejaria isso nem ao pior dos inimigos, visto que a vontade de viver já se tornava uma obrigação devido à exaustão física e mental que tomava conta de todo o meu ser.

Eu via, mas não ouvia, e sempre questionava a minha mente, que chicoteava as minhas sensações, promovendo uma angústia sufocante na minha alma. E eu me perguntava: *Quando foi que eu comprei uma mente que me chicoteia, me algema e me encarcera? Por que não comprei uma mente livre? Uma mente que se permitisse viver sem as sombras que nebulam o meu território mental?*

Já fui encarcerado, humilhado, julgado e zoado de forma negativa durante a tempestade que foi a minha infância e eu, com a mente que tenho hoje, entendo...

Entendo que a alegria, os momentos mais suaves e o respeito só foram conquistados quando deixei de ser o algoz de mim mesmo e comecei a observar mais as ações vis dos outros para ser protegido da maldade humana que podia exalar de mim.

Quieto e vigilante, dando um passo atrás, comecei a descobrir a fortaleza que se tornara a minha resistência diante das armadilhas mentais e humanas.

Abra as janelas da sua mente para finalmente enxergar o valor que existe dentro de si, já que ninguém é melhor do que ninguém, afinal todos têm suas peculiaridades e seus valores arraigados nas suas essências, que dignificam a autoria de suas próprias histórias. Você é mais do que pensa, apenas faça e pare de inventar *DESCULPAS*.

Eu não posso ouvir, mas posso seguir em frente e realizar os meus sonhos. Por exemplo, nada me impede de escrever um bom livro.

Cada pessoa que cruzou o meu caminho era uma charada a desvendar, e esta prática me permitiu descobrir os enigmas mais escondidos de cada uma. Todos os seres humanos têm seus segredos, entretanto, quando a boca não fala, o corpo declara qual é a intenção oculta.

Eu não compreendia o movimento dos lábios das pessoas, não entendia o que diziam. Vivia uma eterna agonia de querer interpretar o que parecia não ter nenhum sentido, faltava-me o sentido da audição. E, através desta falta, tudo ao meu redor era muito confuso e consumido pela desordem, lampejos e sussurros invisíveis que enevoavam a minha psique.

Além disso, eu despertava a curiosidade das crianças, dos professores, das pessoas em geral, pelo fato de ser e agir diferente, de falar de uma forma peculiar, e isto marcava a minha vida com dor. Era visível aos que enxergavam o meu coração, quando queria ser um ser invisível mergulhando no fundo da lagoa do vazio, da solidão e do exílio, criando introversão e sem saber como me relacionar com as pessoas.

Desde pequeno sofri *bullying* de crianças, inclusive na fase adolescente, e por causa dessas agressões veladas, fechei-me completamente para tentar me defender, fui me isolando dentro da minha própria imagem. Tinha medo de participar de conversas em grupo e nas apresentações da escola. Quando estava com fome, sempre pedia a minha mãe para comprar lanche para mim, pois tinha medo de a atendente não me entender. Tudo isso marcou a minha infância de uma forma que minha psique foi criada através dos constantes medos de *bullying* que ocorriam no dia a dia. Fui acumulando lixos emocionais que permaneceram temporariamente no meu subconsciente. Porém meus pais foram percebendo a minha dificuldade em participar da selva chamada sociedade e pacientemente me ofereciam estímulos para que eu me levantasse mais forte a cada nova queda.

Então te pergunto:
— *O quanto você é treinado para resistir?*
— *O quanto resiste ao seu pior inimigo, você mesmo?*
— *O quanto o seu sonho de se tornar alguém capaz de ter independência é forte para te levar adiante?"*

Não devemos subestimar o universo que reside dentro de nós, ele é volátil e pode nos trazer a ruína física, emocional, social, financeira e espiritual.

Uma das lições que aprendi com meus pais era bem simples, mas me mostrou que devia sempre me levantar: eu não podia ficar no chão, senão eu apanhava deles (fato que nunca ocorreu). E, para ser sincero, era melhor enfrentar a vida do que o chinelo e o cinto, nunca quis pagar para ver.

O bom de ter pais severos é que eles acreditam no futuro dos filhos. E com os meus pais não foi diferente, eles acreditaram em mim. Eles não foram movidos por pena da humilhação ou por insegurança por sermos deficientes, mas pela fé e a certeza de que os filhos conseguiriam adaptar-se ao dialeto da vida.

Deus não escolhe os capacitados, mas capacita os escolhidos.

Lembre-se: não há caminhos fáceis, pois há pessoas tornando os seus caminhos intransponíveis.

E desse modo, fui crescendo em meio às lágrimas do meu silêncio, descobrindo que quem não quer problemas na vida triunfa sem glória.

Muitas pessoas acreditam que para formar uma família não precisa ser de sangue. Não digo que elas estão erradas, mas precisa de muito amor para estar presente nas crises mais angustiantes, para dar ar aos nossos pulmões e nos fazer enxergar que as incertezas da vida são as certezas para o impulso, a razão e a consciência de voar.

O seio da família é o porto seguro onde residem o amor e a compreensão, principalmente por parte dos pais que não abandonaram o laço matrimonial, como foi o caso dos meus, que não deixaram de se amar e se dedicaram com exímia devoção aos dois filhos deficientes.

Os divórcios estressantes que têm origem nos nascimentos de filhos deficientes culminam na deformação do aprendizado sobre o mundo. O casal divorciado nunca irá ver o que acontecerá com os filhos; porém, se o casal se mantiver unido e se esforçar, poderá ver o esplendor do poder da *"D-eficiência humana"*.

Um pássaro engaiolado por causa de certezas jamais ousará a infinitude nos céus. Assim sou eu, não posso viver num mundo de certezas, pois a minha alma grita por voar e para voar. Preciso estar no céu, no vazio da liberdade, pois as certezas não estão lá, e, crendo nisso, ressignifico-me a extrair das incertezas as certezas para o nascer do sol de um novo "eu".

A diferença não está no quanto você pode enfrentar a vida sozinho, mas sim no quanto você consegue pedir ajuda apresentando-se para ser e fazer a diferença, ignorando a boiada que se aprisiona em sua própria mente.

Jamais se esqueça do que seus pais fizeram por você. Caso você tenha sido criado por outras pessoas que não seus pais biológicos, que te acolheram e te amam, lembre-se sempre desse amor.

Ter amigos é bom, mas ter pais que lhe dão comida, vestem e educam é imensamente melhor. Eles devem ser valorizados e sempre colocados em primeiro lugar.

Meus pais me ensinaram a enfrentar os desafios e a vencer as crenças limitantes que estavam sempre diante de mim. O meu esforço precisava ser maior do que as muralhas invisíveis que a minha mente criara. O mundo não colaborava comigo, era hostil nas multirrelações, e assim fui aprendendo com a dor de ser enclausurado pelos julgamentos dos desconhecidos que olhavam e ainda olham com o respaldo da vergonha e da ignorância para aqueles que lutam contra as sombras do caos mental. Era preparado em casa para enfrentar essa hostilidade e vencer o medo. Não podia ser um fraco, tinha que me forjar como aço e entender que ninguém pode dizer o que eu podia fazer.

Ninguém pode ou deve interferir na nossa vida, a não ser que se permita; ninguém pode nos tirar a espontaneidade e a consciência de sermos humanos capazes de viver a autoria da nossa própria história.

Foi um período de muita dor para mim e meus pais, mas conseguimos sair do casulo dos flagelos sufocantes, rumando para as alegrias mais libertadoras. Eu me reconhecia na minha dor e através desta dor renascia, crescia, desenvolvia e amadurecia.

Devemos entender que a vida pode primeiramente brincar conosco e depois nos jogar nas ansiedades mais excruciantes, nas tristezas e lamentações agonizantes. As crises poderão envolver nossas ações e chegará uma hora em que não aguentaremos mais e teremos que decidir:

Ou eu mudo ou abandono a minha existência.

Tive que pagar um alto preço para poder ser alguém na vida, me propondo às adversidades lideradas pela minha mente, sabendo que não tinha expertise para enfrentar a mim mesmo, mas poderia treinar a minha mente de forma efetiva e mudar, preparando-me para mergulhar na lagoa da resiliência.

Às vezes me pergunto: por que muitas pessoas não querem pagar o preço, mesmo sabendo que no final vai valer a pena? Não há dor maior do que abandonar o seu velho *eu*, entretanto, por vezes é necessário.

A questão é que ficar na zona de conforto não oferece nenhuma dor, já que ela é boa e agradável, porém pode tornar-se má e agressiva, causando dor quando precisamos sair desse espaço, deixar o cárcere confortável. Podemos estar vivos e mortos ao mesmo tempo, devido à opção de negar as emoções e sermos insensíveis. Seremos como porcos deleitando-nos em nossas lamas.

Eu senti dor e isto me fez crescer e desenvolver certa constância de pensamentos, de atitudes, por repeti-los diversas vezes, de tal maneira que consegui aperfeiçoar a minha característica de pessoa surda, a ponto de as pessoas esquecerem que não escuto.

Sempre digo que fiz um bom trabalho, pois nas festas, nos cultos e pelas conversas no celular, encontro pessoas tratando-me como ouvinte, mandando áudio ou sussurrando no meu ouvido.

Nos primórdios do meu desenvolvimento infantil, era alegre, não tinha timidez, via a vida com outros olhos, sempre sorria para todas as pessoas e não via maldade em ninguém. Simplesmente não os entendia, pois não ouvir parecia ser normal para mim. Eu olhava para os lábios das pessoas e os via se movendo sem nenhum sentido aparente. Não conseguia perceber que era diferente, era como um livro em branco que aos poucos foi sendo preenchido pelos piores temores que minha mente foi criando.

Eu não sabia que se podia ouvir. Não sabia que era surdo. Não sabia o que o mundo pensava dos deficientes. Não tinha consciência crítica nem analítica. Era uma folha solta ao vento, sofrendo a ação externa sem entender e sem saber como reagir ao redemoinho de vozes.

Diante da realidade em que estava inserido, sendo ingênuo, ignorante e estúpido, fui uma vítima fácil e logo caí nas garras da impiedade de diversas pessoas que agiam sem misericórdia, causando uma overdose de drogas emocionais que provocavam muita dor na minha alma e no meu corpo. Elas imprimiam mais sofrimento por eu ser diferente ou por ignorarem o dano de suas atitudes em minha vida e na minha psique. Eram cruéis carcereiros do meu cativeiro existencial, exerciam a tortura psíquica e me faziam sofrer.

O *bullying* cria feridas na alma e atormenta os inocentes, promovendo traumas e impondo sentimentos de menos-valia e inferioridade que nebulam cada célula do nosso corpo.

Quem já sofreu com o *bullying* sabe o que estou dizendo. E quem já o praticou, por favor, repense, pois não é apenas atitude de um ser *valentão*, é ser um "assassino" de sonhos e emoções. Então, lhe pergunto: você gostaria de ter as mãos "sujas de sangue"?

A dor da exclusão, da rejeição e da humilhação parecia não ter fim, promoveu inúmeras cicatrizes que irromperam o meu coração e carregou o meu miocárdio de profunda dor. Era insuportável, diversas vezes chorei por dentro, e em outras, devido à dor, deixei as lágrimas escorrerem pelo rosto, visto que não conseguia defender-me daqueles que agiam comigo sem humanidade. A ação deles era perversa e sem piedade, elas eram inconsequentes em sua forma de ser e agir. Riam do meu esforço e me menosprezavam devido a minha diferença.

Algumas pessoas fizeram-me perder a visão generosa de enxergar a vida como ela era na realidade. Em meu tenro início, mergulhei num mundo obscuro de lágrimas aflitas causado por meu semelhante, que me tratava como um ser "anormal". A malícia deles obscurecia a minha alegria de viver e eu sempre me questionava — como poderia viver neste mundo tão frio que tentava roubar a minha felicidade, espontaneidade e segurança.

Sentia-me violentado em cada olhar maldoso, a cada atitude de descaso e de desprezo. Na maioria das vezes a empatia era zero. Até as pessoas que diziam ser minhas amigas agiam por vezes preconceituosamente. Eu sempre desconfiava dos seus sentimentos em relação a mim, não tinha certeza de serem tão verdadeiros. Os meus pensamentos me atormetavam, pois não sabia distinguir se as pessoas eram o que elas diziam ser. A minha percepção mostrava-me que muitas delas usavam máscaras, escondendo as suas verdadeiras faces e intenções. Preocupava-me em estar em uma relação com alguém que mentia e fingia gostar de mim, em dizer que me aceitava. Isto levou-me em alguns casos a me proteger mais e a fingir amizade por algumas delas, como uma maneira de me proteger.

A dor começou a fazer sentido e comecei a aprender. Estudei o comportamento humano durante a infância, afiando mais os meus olhos e vendo o que os outros escondiam no íntimo e não podiam revelar: as suas dores. A culpa em me fechar não era minha, estava apenas defendendo-me das saraivadas de desumanidade que sofria em meu silêncio absoluto. Elas me fizeram desenvolver ingredientes capazes de formar um ser humano em construção, atento aos ataques intencionais. Desenvolvi habilidades para sobreviver em meio à guerra de emoções tempestuosas e de informações negativas. Descortinei o meu olhar e percebi que muitas pessoas são cruéis, não possuem limites para a impiedade que criam e praticam. E isso me levou a ser um andarilho liderado por intermináveis cicatrizes em busca da estimulante superação.

A experiência da minha dor existencial foi aproximando-me mais de Deus, fui percebendo que algo interferia na vida das pessoas e as fazia ser más e me distanciava, seguindo para descobrir o caminho do coração de Jesus Cristo, entendendo que a minha vida não é linear, já que a mesma é formada por picos altos e baixos, um *vai e vem*.

A dor não vem com a finalidade de destruir ou tirar o protagonismo da nossa história, ela vem PARA EU E VOCÊ sermos alguém que pode se desenvolver, amadurecer e crescer. Os melhores momentos vão-se e os piores também.

Em meio a minha experiência com o Reino dos Homens, sentia-me um cativo por não ouvir e não saber ainda como expressar as minhas crises débeis, as frustrações indomáveis, as emoções cálidas e reivindicar os meus direitos. Sofria no silêncio tirânico a ação dos carcereiros, dos torturadores e das sombras invisíveis, e desse modo necessitava de uma ruptura para o desvanecer das agressões tumultuadas dentro do meu ser. A cada ordem dada pelo meu pior inimigo era como se fossem mil flechas de aflições e penitências que feriam o íntimo do âmago da minha existência.

A dor beijava-me na face direita e na esquerda, abraçava-me sem hesitação e sorria com a tortura da minha saúde mental.

A cólera e a malária são terríveis, mas creio que nada se compara ao tamanho sofrimento que causou o envergamento da minha coluna, impossibilitando-me rumar nas incertezas da vida para dissipar a atrocidade que me foi cometida pelo meu semelhante, e como a minha coluna não aguentou a pressão externa e assim internamente se deformou. Fui submetido à Escola de Postura Brasil com profissionais cirurgicamente eficazes que me ajudaram na reconstrução da minha postura corporal.

Um humano desconstruído e reconstruído. A vida nos ensina que não existe perfeição e que os momentos mais difíceis que ocorrem nas situações asfixiantes sempre irão exigir um novo método, uma nova versão de nós mesmos para enfrentar as nevascas mais severas durante a nossa sublime vida.

O AGORA é diferente daqui a dez minutos. Como tu irás te posicionar?

Foram anos de tratamento para a minha correção postural (muito treino) e me refiz por inteiro, procurando o equilíbrio corporal do dano que havia sofrido em minha infância, dano este que seria irreversível se não fosse a rápida decisão dos meus pais, o que me tirou do caminho da cirurgia.

Esses homens e o método RDM (Reeducação da Dinâmica Muscular) fizeram o improvável e realizaram o impossível quando tudo parecia perdido. O corpo, juntamente com a consciência que foi desenvolvida através desses homens idôneos, me garantiu um novo ser para a liberdade das correntes ilusórias que eu tinha criado na minha mente. Pude assim tirar a poeira da minha plumagem e voar.

Fui do *Corcunda de Notre Dame* ao *Conde de Monte Cristo* (filmes da literatura francesa). Um grande progresso, uma grande vitória.

Novamente, meus pais foram cruciais na decisão.

Essa é uma mensagem para aqueles que têm filhos, deficientes ou não:

"Ensine-os que o amor está nas pequenas coisas, nas mais simples da vida, nos sons mais suaves da alegria, da ternura e da bondade. Eles são herdeiros dos ensinamentos que vocês passaram e os ajudaram a compor a mais bela sinfonia das suas histórias nas oscilações martirizantes".

Com a certeza de estar no zênite das minhas conquistas dentro dos meus labirintos infindáveis, comecei a ocupar o meu lugar, o meu palco, aquilo que era meu de direito e pude, mais uma vez, ver um fio de esperança avante às minhas dignas cicatrizes.

As batalhas mais importantes são aquelas que lutamos no silêncio da nossa alma e, consequentemente, somos impelidos a ser meticulosos, pois ser o que não somos para agradar os outros, mesmo que por um período efêmero, causa o decaimento do nosso ser de forma duradoura. E isso é o pior veneno que nos esmaece lentamente e não dissipa a dor. Um processo que amplifica a fatalidade a partir da perda de consciência da nossa essência.

A cada experiência que tive, seja em um shopping, viajando, na escola ou mesmo em um breve passeio em uma praça, sentia-me sendo olhado, julgado e encarcerado pelas pessoas que não tinham conhecimento sobre o assunto e não possuíam a sensibilidade para entender como realmente eu era, fazendo com que eu proferisse palavras negativas sobre a minha pessoa.

Esse cativeiro me fazia aceitar a tormenta calado.

Isto gera um ledo engano, já que as palavras têm poder. Se você disser que é um fracassado, você continuará a fracassar; se você disser que é um inútil, continuará sendo um. A qualidade das palavras que você profere para a sua vida molda o seu caráter e rebaixa ou aumenta a sua mente e o seu posicionamento para a vereda estreita da sua existência.

Eu, como deficiente auditivo, poderia estar limitado ao mundo. Mas por que eu disse isso? Novamente paro, percebo e rasgo os meus pensamentos, retiro as palavras negativas a fim de obter a significância fundamental para que eu triunfe nos anais da liberdade.

A experiência de ser deficiente é a de ser um prisioneiro sem alvará de soltura, de estar condenado no corredor da morte sem uma partícula de luz, numa sentença que parece não ter fim, sem saber o porquê do martírio e mais ainda o porquê das exclusões social e afetiva que foram as parceiras mais fiéis da minha infância e arquitetaram o meu exílio nas esferas familiares, escolares e sociais.

Agora entendo por que Atlas, o personagem mitológico, está condenado a carregar toda a abóbada celeste. Ele tomou para si todo o sofrimento por uma decisão que custou a sua vida eternamente.

Se eu tivesse seguido o caminho de Atlas, estaria escrevendo a minha história com "lágrimas de sangue", com o decreto assinado pela estupidez e incredulidade.

Mas foi Deus e foram meus pais os pioneiros a me afastarem da escuridão que causou a nébula que cerrava a minha visão.

A solidão se torna uma confederada da dor existencial e o grito surdo ecoa dentro de cada um que, como eu, sente o tormento e não tem como o interromper. São segundos, minutos, horas, dias, semanas e anos de épocas fulminantes.

Só vivendo para vestir o invólucro que envolve a inquietação ardente incinerando cada passo da nossa fatigante presença. A carcaça invisível da agonia não passa quando dormimos e ao acordarmos ela está novamente diante de nós.

O que eu sou? Existo para fazer o quê? Por qual razão? A vida é intrigante. Pena que muitos não possuem o fulgor da coragem para imergir no seio da orquestra divina as suas próprias biografias e, em vez disso, deleitam-se no réquiem fúnebre da angústia, inveja e culpa.

A cada dia descubro que quero viver intensamente a chamada vida impetuosa e observo a criação vil de humanos que não percebem que o tufão da miséria presente em suas vidas é na verdade a mais gratificante melodia das suas crônicas.

O real sentido de viver e de se entregar à resplandecência da autonomia é não turvar os olhos para os problemas que amarguram o corpo humano, pois esta é digna e precisamos apenas de treinamento para lidar com as bifurcações que desviam a nossa capacidade humana e nos impedem de instrumentar a mais bela composição do ser.

O treinamento para lidar com a incessante dor é baseado na maestria de si mesmo, da sua insistência em conhecer o mais profundo do seu EU, separando os hemisférios da emoção e da razão para evocar o equilíbrio da responsabilidade que emana dentro de nós e o qual não podemos transferir para outrem.

A responsabilidade é sua, ninguém pode se responsabilizar por você, nem mesmo seus pais nem Deus. Suas ações ditam quem você é, não suas palavras. Palavras têm poder, mas tem o poder quem as pratica.

Em um determinado momento percebi que não podia responsabilizar ninguém diretamente e, em vista disso, somente eu poderia retirar as crises maçantes através de uma conexão profunda e sincera de valorização por mim mesmo, por Deus e por aqueles que foram o pilar para a escrita da minha longa caminhada.

Eu aprendi a levantar a batuta da minha consciência e a tirar de mim os sons mais solúveis e fascinantes, por conhecer todos os componentes do coral da superação. Tornei-me um maestro de mim mesmo, um deficiente auditivo de nascença que sempre será considerado como um ouvinte para aqueles que o conhecem.

Em nossa sociedade é de comum entendimento o uso de Libras para os deficientes auditivos em suas categorias diversas. A língua de sinais tornou-se o principal meio de comunicação dos surdos com a sociedade de ouvintes e, por isso, as pessoas possuem a tendência, quando me conhecem, de perguntar se faço uso de Libras. Mas quando digo que não, se surpreendem com a minha desenvoltura em falar e em expressar os meus pensamentos. Se falasse Libras, creio que não veria o mundo como eu o vejo hoje. A minha percepção é diferenciada por ter sido oralizado. Foi uma escolha difícil para a minha família ir contra o senso comum, optar pela técnica da oralização de deficientes auditivos, mas isso me possibilitou conquistar a excitante independência do meu EU. Fui lançado em uma ruptura da minha versão surda, aprendendo cada fonema, palavras e frases sem nunca as ter ouvido. Vivi um processo único e particular de aprendizagem que me levou a experimentar sensações e estabelecer clarezas que mudariam a minha consciência e visão em relação às intempéries da vida.

Sou o exemplo de que é possível o ser humano ir mais além, mesmo sendo consumido pelos próprios temores e melancólicos devaneios, com pessoas que podem nos ajudar e recebendo acessos às estimulações que desenvolvam o nosso potencial e as nossas habilidades. Então, sim, pude e posso ser o protagonista da minha história.

Crave isso na sua mente: *Não espere que TODOS GOSTEM de você, isso é IMPOSSÍVEL para quem busca fortemente a saída da masmorra mental. Está na pele sentir isso. Entenda que enquanto VOCÊ estiver AGRADANDO TODO MUNDO, quando TODO MUNDO gostar de TI, você não estará conquistando a mudança de lugar, estará se afundando ainda mais na gaiola das certezas revestidas de donas das incertezas.*

Esse é o dialeto preciso e verídico com que a vida gentilmente nos presenteia.

Não se limite para as pessoas, implemente o seu próprio limite. Chega de se esconder embaixo da escadaria da vergonha, da autovitimização e da mediocridade.

Precisamos valorizar a dor que sentimos, pois ela não veio com o propósito de nos fazer sofrer, mas para aprendermos a nos valorizar. Esse é o berço da educação.

Somos seres humanos falhos e imperfeitos, não pelas nossas ações, mas pelas nossas emoções. Deleitamo-nos no âmago do nosso orgulho e despertamos a raiva viciante, a mágoa e a tristeza amarga para aqueles que nos julgam com olhares de pena e desprezo. Em vista disso, nos rebaixamos na penúria da inferioridade sem forças para bater no peito e dizer o que há muito tempo esteve silenciado em nosso coração.

Nascemos e aprendemos a falar, a comer, a andar e não reclamamos. Por que então murmuramos quando estamos aprendendo o dialeto da vida? Qual foi o momento em que atraímos a fraqueza para as nossas emoções, sendo que, quando crianças, o que importava era a alegria, a autenticidade e a bondade?

Ser surdo equivale a ser capaz tanto quanto são os ouvintes. O que necessitamos é de impulsos que nos levem a crescer, enfrentar a nossa questão e nos possibilitar a superação, também compreender que os problemas não são para serem esquecidos e prolongados, mas para serem aprendidos e ensinados.

Todo deficiente carrega dentro de si o potencial para alcançar os lugares mais longínquos nas circunstâncias lastimáveis.

Não duvide de si, duvide daqueles que não extraem de si a sua ascendência, que esteve por muito tempo dormindo em berço profundo e agora grita por aflorar nas situações que requerem o fomento da resiliência.

Pode parecer egoísmo da minha parte, mas espero que não seja uma utopia apenas para ficar nos lugares mais remotos das minhas memórias: *Tenho o desejo de ser útil para que outros possam vir a ver o mundo com os olhos que vejo.* Quero despertar a nação deficiente de seu leito fúnebre para que possa crescer com total soberania das suas ações.

Os surdos, os mudos, os cegos, os autistas e os de incapacidade física e síndrome de Down têm a capacidade de agir e tomar suas ações como SUAS, sem depender de ninguém. Podem manter o problema sob controle, algemá-lo e trancafiá-lo bem longe deles.

Não temos limitações que não possam ser enfrentadas, a não ser aquelas que criamos na nossa própria mente, paralisando os nossos atos e estrangulando os nossos pensamentos. Precisamos de políticas públicas que facilitem os nossos diligentes pais a nos proporcionarem o ingresso à arte da maestria para causar a metamorfose de um deficiente em um ser capaz de andar nas alamedas da possível independência.

Jamais, em hipótese alguma, pense sobre *"o que"* as pessoas acham, nunca deixe elas decidirem o que você mesmo pode e quer fazer. Aceitar sem questionar é o único jeito para nos poupar da discussão com tolos que não veem o outro lado da moeda. Uma das vantagens de ser surdo é não ouvir a ignorância, a inveja, o orgulho e as piores de todas: as pessoas ácidas, abusivas, tóxicas e nocivas.

Você julga-se incapaz? Se autovitimiza? Procura problemas em vez de achar solução? Cria imagens na sua mente que não existem?

Primeiramente, peço perdão pelo que vou dizer – mas tome vergonha na cara. *PARE, PARE, PARE* de querer ser alguém que não é e pare de macular os seus esforços porque alguém não lhe valorizou, não enxergou os seus lampejos e não acreditou nos seus ideais e na sua vontade de se melhorar.

Eu sou a prova viva de que é possível ser surdo e falar, ser surdo e ser um bom aluno entre ouvintes, ser surdo e fazer coisas grandes em meio a nossa tumultuada sociedade. Podemos romper mitos e paradigmas que foram fundados pelas nossas sombras, podemos ser paradoxos do nosso destino e alcançar o que a nossa mente acredita. Temos que violar as leis vorazes que determinamos para o limite dos nossos territórios mentais. Sejamos renegados da nossa miséria catastrófica, das nossas lamentações e das penumbras dos infortúnios emocionais.

Carregando a espada do silêncio e somente a empunhando nos breves instantes da minha travessia dominada pelos sentimentos negativos que atiçam a sede de sangue pelo auge da gentileza, consegui escrever este livro com a certeza de estar portando a volatilidade da minha reflexão.

No âmbito do meu mundo silencioso, forjei o que seria um baluarte impenetrável, ninguém entrava a não ser meus pais e minha irmã. Vivia num mundo restrito de emoções positivas, sendo um aluno presente à escola do frenesi, onde as alunas, as chamadas vivências negativas, açoitavam o meu cotidiano. Estava protegido em casa e totalmente vulnerável na escola e nos lugares públicos, sentia-me caçado por predadores humanos que queriam, por simples diversão e maldade, atingir o clímax da tortura desumana. Por quê? Por que essa inclinação de algumas pessoas empreenderem gratuitamente o mal ao seu semelhante e em especial ao diferente? Perguntava-me e não sabia, com a minha pouca maturidade emocional e espiritual, responder a estas questões nas etapas sombrias da aurora que foi a minha infância.

Os amigos que são realmente amigos não podiam entrar na minha esfera silenciosa? Como saber quem era quem em meio ao turbilhão de relações e emoções? Infelizmente, a minha tenra pequenez não sabia filtrar as informações e as relações que desvendariam todas as incógnitas do ordinário *bullying*. Ainda não tinha confiança em mim mesmo, era companheiro da insegurança e irmão da imaturidade. Fui também um fiel amigo do medo. Esses me ensinaram que o diferente sempre será diferente aos olhos do transtorno da igualdade maléfica que é a sociedade.

Os adultos me encaravam com seus olhares amargos ao me verem, me sentia como um passarinho incapaz de abrir as plumagens e voar, um passarinho que está sendo orientado pela severa gentileza, um passarinho aprisionado pelas sensações da exclusão social, tornando-me um ser invisível. Se não fosse filho dos meus pais, mas filho de qualquer adulto que conheci ao longo da minha vida, pode ter certeza de que eu não estaria escrevendo este livro, estaria nos anais do esquecimento emputrefado da minha história.

Nós somos a união da mente, da alma, do espírito e do corpo, nós travamos as batalhas mais árduas lideradas pelo nosso pior algoz, nós mesmos. Nunca ninguém conseguirá entender o que acontece nas nossas residências mentais. Adquiri perspicácia observando a curto, médio e longo prazo as ações e reações humanas. As pessoas ditas *"normais"* estabelecem relações superficiais com os deficientes, elas os conhecem, brincam, conversam, mas não desejam ter um filho deficiente, pois é desgastante despertar um poder oculto que está aprisionado a mil chaves, e para achar tais chaves os pais precisam idealizar o que acreditam que pode acontecer na vida de seus filhos com deficiência. Não é um projeto de vida ser pai ou mãe de um deficiente. Ninguém está pronto para esta experiência e ninguém a deseja em sã consciência. Quando o inesperado se apresenta, muitos pais simplesmente não aguentam a responsabilidade, criando problemas no casamento e originando o divórcio. Diversos adoecem física e emocionalmente e passam a viver à base de medicações controladas, perdem a vontade de viver, desenvolvem depressão ou síndrome do pânico. Outros se rebelam contra a dura realidade de amplificar as labaredas da superação de um deficiente e podem vir até a tentar o suicídio.

A aflição agonizante os corrói e os consome por se sentirem fracos e, por isso, não conseguem priorizar o amor. Residem numa penitenciária de imaturidade, pois ao olhar com amargura para a deficiência, sentem que cometeram um crime hediondo sem passaporte para a liberdade e foram sentenciados pelo juiz da penitência a viverem para sempre com o amargor da dor existencial. Encontram-se frustrados e decepcionados com a vida e com o próprio Deus, que lhes deu uma chance de serem pais extraordinários. Não entendem e sucumbem na falta do entendimento, do conhecimento, do discernimento, são prisioneiros de incontáveis ressentimentos, assentem aos rancores, despertam as mágoas, lideram os desgostos e se autodestroem nas culpas.

Tentam buscar explicações que não encontram, e quem poderia explicar os mistérios de Deus?

A dor do filho propicia incansáveis pesadelos que inflamam um verdadeiro cativeiro, onde os serviçais imemoriais oferecem como alimento um explosivo de sentimento nocivo e bebidas regadas a desesperança. São drogados do próprio ser, não conseguem ter forças para ficarem de pé, pois a nuvem da negatividade está preta e pronta para lançar os trovões do pessimismo sobre eles. A rotina dos casais é alterada para sempre e o imaginário de ter um filho saudável naufraga na mais dura realidade. Os seus pés já não sentem mais o chão e seus olhos são vedados pela vergonha e estupidez ao olhar e tocar o filho que nasceu puro de amor e sem nenhuma deficiência em amar. E mesmo assim rejeitam a condição do seu rebento, isso porque não sabem como aceitar a deficiência, diante do amor que foi nutrido por tantos meses para finalmente aparecer presencialmente em suas vidas a criança esperada e deficiente. Não aguentam o colapso vivente e entram em profunda depressão. Vivem um luto em vida. Morrem no alvorecer e são atormentados ao cair da noite.

Muitos rejeitam os seus filhos, e por sentirem-se rejeitados por Deus não compreendem o que está diante deles e culpam Deus pela missão imposta, mergulham em um labirinto onde as suas forças físicas e mentais são sugadas pelo desespero e caem no ápice da ausência de si mesmos, anulando seus exercícios de paternidade e maternidade.

O sofrimento inviolável angustia cada célula das nossas simples epidermes. Esquecem que se Deus faz, Ele é Deus, e se não fizer, Ele continua sendo Deus.

Meus pais levantaram-se em suas cinzas como uma fênix e fizeram o extraordinário acontecer com a ajuda de Deus. Eles encontraram o laço mais importante, o laço familiar. Enfrentaram as chamas do preconceito, as incertezas do medo, os bravios tabus e os paradigmas corruptíveis. Meus pais construíram um caminho onde nada havia. Viveram um paradoxo com protagonismo. Geraram um sonho diante do pesadelo. Acreditaram em mim, neles, em Deus, e o resultado é o que você está lendo aqui.

Há muitos pais tentando e não conseguindo. Por quê? Entenda que querer não é poder, precisa FAZER. Deu errado? Faça de novo. Aprenda com o erro anterior. Deu errado novamente? Faça de novo e aprenda novamente. Bem-vindo ao "Jogo da Vida".

E o que precisa ser feito PRIMEIRO é entender o JOGO DA VIDA. E todo jogo tem suas regras. E, sim, é possível virar o cenário medíocre para a grandiosidade de uma obra-prima.

Não tem para onde fugir? Enfrente a iminência do problema, do contrário, vai virar uma bola de neve com potencial de o soterrar vivo e absorver o último ar que resta nos seus pulmões.

É muito duro reconhecer a exclusão social e não ser percebido na busca da superação. Estar num meio e ser rejeitado já é dificil para os ouvintes, imagine para um deficiente, carente de atenção e afeto, precisando que seus distantes semelhantes o entendam.

A hipocrisia da sociedade, o medo e a covardia de alguns aumentam o sofrimento dos deficientes e de suas famílias. O descaso municipal, estadual e federal sentencia milhares a uma vida de mediocridade, formulando sentenças que rebaixam os valores de quem somos perante as intempéries que desafiamos.

Eu sei que ninguém é perfeito, nem mesmo os ditos "normais", mas nós, os deficientes, precisamos de um novo olhar, principalmente a nação surda, que por muito tempo foi subestimada pela irmandade da incompreensão, que não detém um válido conhecimento sobre o que surdos podem fazer quando são ajudados e treinados. Caso contário, se sentirão traídos e exilados.

Cor? Raça? Deficiência? Gênero? Todos já estamos predestinados a sermos excluídos, e o que irá mudar esse destino que parece inalterável é a CONSCIÊNCIA que nos faz progredir para o cerne da razão humana.

Só quem vive sabe o que é estar numa sociedade excludente.

Os pais que apresentam uma alta pressão de humilhação e desgosto por terem sido envergonhados com um presente que lhes foi gentilmente dado são frágeis psiquicamente e imaturos durante a escrita que criaria um belo conto em suas vidas. Não os culpo deveras, porque é para poucos, pouquíssimas pessoas portam a força do estandarte que suporta tudo por amor para criar e entender alguém com deficiência. E a única saída que serve como a delirante morfina para a dor existencial é reagir excluindo o fruto gerado de si mesmos. Rejeitam para não se sentirem compromissados com a angústia do seu próximo. São maus porque não aprenderam a ser bons.

Deus elege alguns para esta árdua tarefa de criar e viver com as PcD (pessoas com deficiência) e as capacita ao longo da sinuosa caminhada. Ele não escolhe os capacitados, mas capacita os escolhidos. Entre choro e ranger de dentes, esses pais escolhidos vão forjando algo sobrenatural digno de um desafio para gigantes da humanidade. Educam seus filhos deficientes com pouca ou quase nenhuma ajuda da diminuta sociedade. Os profissionais que treinaram os meus movimentos labiais e despertaram o som que antes esteve silenciado na minha quietude absoluta sofreram com a minha família e se deleitaram na felicidade dançante a cada novo triunfo. É uma relação rica de admiração intensa que cognitiva e afetivamente rega a esperança de ser alguém numa terra de ninguém.

Para me criar, meus pais se transformaram em gigantes e geraram um homem acima da média, um homem que não se limitou à média padrão do grupo humano. As lutas mais duras banhadas nos dissabores os uniram, permitindo-os a iniciativa de serem heróis numa intensa guerra, onde os bombardeios do preconceito, do desconhecimento e da falsidade eram contínuos.

Cada vez mais sozinho, como um simples andarilho, vaguei pelos cinco cantos da Terra com a consciência de que a humanidade está distante de si mesma e do Divino, que a olha com sucessivas melancolias seguidas e com valorosas faíscas de esperança nos seus filhos à espera de um despertar.

Muitos agem como se não fossem humanos, possuem um cérebro racional, mas são irracionais em suas emoções. As gêmeas da morte, a mágoa e a amargura, perfuram a essência de muitas pessoas, juntamente com os trigêmeos da infelicidade: a raiva, o ressentimento e a culpa, que as atormentam em seus últimos suspiros. Resistem a se melhorarem. São vítimas que utilizam a língua da negatividade, proferindo palavras péssimas, resultando em pessoas cativas sendo dominadas e aprisionadas no profundo vazio.

No falho sistema educacional da humanidade, fazem residir nas escolas da vida muitos profissionais que estão ensinando os alunos a se tornarem repetidores de conhecimento e não, como eu, pensadores enriquecidos, alguém que extrai de si o novo para substituir o velho, isto é, a reconstrução da consciência inovadora.

Percorrendo esse caminho, descobri-me um apaixonado afortunado pela filosofia e pelas ações dos nossos pensamentos que pensam o impensável e assimilam o inexistente. Essa descoberta aprofundou a minha sã consciência pela diferença nos meios em que sou inserido e, porventura, destacado.

A sensação de ser olhado era uma arte, só que eu não era obra de Picasso, mas do Divino que atiça o interior do julgador comum em sua existência, e tal obra precisava de um tratamento diferente, de um conhecimento inerente ao desconhecido, pois o presente julgamento estimulava a dor de ser diferente. As teias emaranhadas da vida começavam a se soltar frente aos meus olhos que aprendiam a ouvir e a falar.

Meu barco velejava nos mares do silêncio, mal entendia as agitadas correntes marítimas das pessoas que me circundavam. Era eu no barco vendo as imagens catastróficas sem o fundo sonoro, observando as altas ondas se quebrando sem sentir as melodias, vislumbrando os trovões sem ouvir os seus profundos estrondos. Tornei-me um aprendiz andarilho navegando nos confins da inquietude, com os ouvidos bloqueados pela falta de consciência que mais tarde foi despertada ao nascer do sol no oceano da mentalidade pacífica.

Durante essa breve jornada, com as brisas angustiantes que vêm do mar, não pude decifrar o mapa da percepção que estava em minhas mãos, pois não obtive a comunicação da audição. No entanto, a minha família esteve presente me ajudando no leme, nas velas e na torre de vigia do barco.

Aos poucos fui descobrindo que algumas pessoas se sentiam agredidas com a minha condição e elas realmente queriam que eu fosse um "ninguém", visto que a minha deficiência as incomodava, e umas poucas, bem poucas, se importavam realmente comigo. Quando adquiri essa consciência, senti como mil agulhas penetrando lentamente na minha epiderme. Muitos deficientes percebem isso e submergem no estado depressivo; outros se tornam agressivos de si mesmos, obtendo assim uma isolação de si e do outro para poder absover a dor da exclusão. Ferem por se sentirem feridos. Agridem por se sentirem agredidos.

Temos pessoas que não cogitam ter um deficiente bem-sucedido na vida pessoal e profissional, já que o sentimento de incompetência estará presente em suas ações, que resultaram nos fracassos em suas vidas, tendo olhos, pernas, braços e audição para vencerem.

Com a astúcia humana inclinada ao mal, sabotam as oportunidades dos deficientes, legando-os a um segundo plano para não se amargurarem diante de sua autossabotagem.

Com a pouca experiência de vida com que um andarilho como eu atravessa os campos minados da minha história, tento compreender de forma eloquente o porquê de algumas pessoas agirem assim consigo mesmas e com aqueles que carregam o fardo da deficiência. A palavra certa é indignação. Indignadas estão por não poderem superar a elas mesmas, algo que saberiam fazer facilmente, e isso desencadeia uma frustração que as consome vivas e as faz projetar a sua ira invisível nos deficientes.

Sentem a raiva percorrendo seus corpos moles e projetam seu ódio sem motivos nos diferentes. A deficiência não é considerada uma barreira. Quem pensa dessa forma nunca quebrou as barreiras mentais. Ser deficiente é um desafio individual e intransferível. Todos têm batalhas, mas ninguém consegue vencer as batalhas do outro.

O Divino nos deu o dom de nos superarmos a cada instante dentro dos milissegundos. Nós vivemos não para sofrer, mas para romper o que nos faz mal. Sejamos influências boas em um mundo negativo.

Quando ninguém quer abraçar a superação nem beijá-la, elas continuarão no mesmo lugar, o lugar onde se fartam as migalhas da zona de conforto. Para se superar, podem e devem pagar o preço, e há uma boa parcela de dor nesse meio.

Ainda pequeno, olhei para as estrelas e peguei-me pensando: *"São tantas estrelas e ainda brilham. Será que os humanos irão cooperar um com o outro? Entender a dor do outro e ainda por cima brilhar sem precisar apagar a grandeza interior dos demais?"*.

Quem nós somos? Quem é você? O que eu tenho feito na minha existência? E você? Como reagimos ao que nos acontece? Estas perguntas movem diversos pensadores e não prejudicam aqueles que são humildes de espírito. Assim são criados os sonhadores e não repetidores de dificuldades e atribulações.

Um caçador caça a sua presa a fim de se banquetear ao anoitecer, não é mesmo? Conforme o exemplo, cace o que você gostaria de ter como alimento, seja das emoções ou de observações. Cace a si mesmo. Alimente-se de si. Seja um conhecedor, um guia, um caçador de si. Redescubra as suas relações plurais que são estabelecidas na sua frente. Cace até atingir os seus limites, liberando os portais de outrora que não foram abertos mentalmente. Torne a sua caçada um exercício diário e não uma obrigação exaustiva. Ame a si e se sinta regozijado pela sua preciosa vida. Esta é a minha experiência vívida como um andarilho e espero prolongar a estadia por um longo tempo nessa batalha.

O meu entendimento sobre o meu ser, estando ainda na pequenez, me forçou a crescer rapidamente, me deixando à deriva da elasticidade e levando-me a obter a pergunta mais instigante de todas:

"Quem eu sou?".

Sempre penso no que eu faria afinal, como um andarilho marcado pela deficiência. Normalmente, simulo as situações que acontecerão em minha vida, porque não há como ouvir, apenas ver e, em vez de me concentrar no problema da audição, devo concentrar-me na solução que a visão me proporciona.

O meu "EU" é diariamente guerreado pelo seu pior inimigo, que sempre vê o que faço e o que penso, tentando de diversas formas distorcer o meu propósito de vida, atingindo, assim, o meu inconsciente, moldando-o para que não seja capaz de conduzir a virtude da independência.

Só quem tem Cristo no coração, aliado à força do seu "EU" interior, pode afastar as penumbras que impedem a remanescência da sua capacidade de viver. Quando aceitamos Cristo, aceitamos o nosso ser como falho e imperfeito, que tem consciência de que o seu poder vem de Deus. Ele olha as nossas atribulações e conflitos e nos dá as ferramentas que serão os arautos para nos representar como um ser humano benéfico para si e plenamente consciente.

Sou um andarilho marcado pela deficiência à procura da mais importante consciência: a aceitação de mim mesmo.

O silêncio nasceu arraigado nas minhas células e eu o amo, não pelas dificuldades que me foram impostas, mas por ver o mundo com os olhos da verdade. Não ouço, mas vejo. Não ouço, mas faço. Não ouço, mas entendo.

Não é a deficiência que nos limita, mas sim a maneira como reagimos aos problemas com que nós mesmos nos presenteamos. Afinal, se criamos os problemas, a responsabilidade sobre eles é inteiramente nossa.

Também lembre-se que jamais deve delegar o comando da sua vida a ninguém, pois como um ser humano você pode usufruir da etérea autonomia que lhe é concedida.

Aprenda a se ouvir.

A incansável educação

Nos tempos antigos, a cidade-estado grega de Esparta era considerada uma sociedade valente e rigorosa pelos seus ensinamentos para as crianças nos períodos de guerra. Os espartanos treinavam seus filhos de 7 anos de idade para que desenvolvessem e adquirissem a capacidade de guerrear como soldados fortes e resistentes na guerra. Sinto vergonha ao ver no que a humanidade se tornou: *incapaz de criar pensadores e guerreiros de si mesmos.*

Eu fui submetido a uma educação severa e extremamente rigorosa. Eu não tinha aptidão para servir as Forças Armadas, porém morava na casa de um sargento casado com uma espartana que dia após dia não me viam como deficiente, mas como um alguém eficiente para si.

A educação para os deficientes não é fácil e não é barata, ela é feita das renúncias dos pais. Também não há quase nenhum incentivo do governo para os tratamentos.

Os pais de deficientes pagam um alto preço, com sangue e suor, em suas esferas econômicas e sociais, causando um enorme desgaste físico e emocional que os leva ao limbo das incertezas da vida, criando pensamentos de insegurança sobre a capacidade de autonomia dos filhos deficientes. Os pais sempre estão despreparados para o nascimento de um filho deficiente, visto que ninguém colocou em seu projeto de vida cuidar de um deficiente. Afinal não somos um sonho, mas considerados por muitos um pesadelo.

Só que o meu caso foi diferente, uma vez que fui o segundo filho a nascer com surdez na minha família. Meus pais já sabiam andar nas veredas dramáticas que acolhem os deficientes e puderam se utilizar da sabedoria adquirida devido à paciência descomunal e ao amor imensurável que possuem. E assim, eles me ajudaram a ser uma pessoa incomum, não pela deficiência, mas pelo que consigo fazer na presença dela.

O que foi fundamental para eu ser o que sou hoje? A educação. Não importa quem você seja ou os problemas que possam surgir, aquele que for educado de maneira correta saberá travar até as piores batalhas, a princípio invencíveis.

Ao conhecer Esparta: *Não importa se está em guerra ou não, treine. Eduque. Corrija. Vivemos para aprender sobre a vida e não para tirá-la.*

Prefira ser um guerreiro em um jardim do que ser um jardineiro despreparado em meio ao caos da guerra.

Para se obter algo, é necessário oferecer algo em troca de valor equivalente.

Isso é o princípio básico da alquimia. Quer amor? Dê valor. Quer conquista? Dê esforço. Quer dinheiro? Dê trabalho. E para transformar um filho deficiente em alguém cujo valor está presente no seu âmago? Dê o que acredita ser impossível e impensável: *a vida.*

Meus pais abdicaram de suas vidas para que eu pudesse ser um humano capaz, não só de igualar, mas de competir do começo ao fim na sociedade dos ouvintes.

Nas trilhas tortuosas, carregando a deficiência nas costas, a inclusão social exige muito da minha semelhança e de meus familiares, uma vez que não é tão simples adentrar no padrão imposto pela humanidade, requer do deficiente uma enorme percepção de mundo e, principalmente, um vasto conhecimento em entender

ONDE está sendo incluído. Nasce assim um deficiente capaz de olhar os outros sem perder a visão de si.

Antes de nascer, fui predestinado por Deus a conviver no mesmo lar com o psicólogo, consultor empresarial e pastor, Dr. Alex Alves, a quem tenho a honra de chamar de pai. Autor de vários livros como os da série *Cura da Alma*, esse homem tem nervos de aço, nunca fraqueja ao menor sinal de derrota e apanhou mais do que andou. Mostrou-me a dura realidade do mundo em que vivemos e tornou-me seu discípulo nas artes suaves da vida, treinando a minha consciência para que não reagisse negativamente às árduas guerras mentais. Foi o meu primeiro carcereiro que me exilou na prisão, confiante de que ia usar a mente para sair das névoas densas que ocupavam os meus solos psíquicos.

Desconheço pais que exigem o triplo de seus filhos que só fazem o dobro. Não há como ganhar o Jogo da Vida sendo a média.

Assim como Batman e Robin, fui sendo treinado por um sargento de infantaria que me jogou no teatro de operações para que eu namorasse a mais bela das dançarinas do palco: a deficiência.

Nas terras mais áridas da deficiência, os pais devem ser os agricultores da transformação do solo fértil da resiliência. Requer tempo, requer paciência e estímulo para que as flores da eficiência surjam sobre a odiosa deficiência de seus filhos. Da semente plantada e regada pela veracidade, confiança e temperança brota a mais linda das flores: a consciência.

Nunca maquie ou distorça a realidade de um deficiente; mostre a ele o mais duro dos cenários para que possa desenvolver uma consciência sem infortúnios. Uma vida com educação superficial é uma vida com filhos deficientes sem independência, com filhos deficientes sem a autoria de suas histórias.

Quanto mais se exige de alguém, não como obrigação, mas como incentivo, mais esse alguém terá uma rentabilidade além da média. A minha educação foi baseada em filmes, séries, livros e gibis. Eu lia todos os dias e isso permitiu-me absorver uma grande parcela do complexo português.

A humanidade, em seu momento atual, presenteia os seus filhos com menos de 6 anos de idade com celular e tablet, entre outros dispositivos, e com isso cria-se uma geração nociva e falha de emoções, incapaz de gerir a própria vida e as próprias ações.

Toda a leitura foi necessária para que um surdo pudesse aprender o alfabeto e criasse vocabulário, seguindo na construção de frases idôneas ao ritmo de vida. E quem conseguiu tal feito? Não fui eu, foi nada menos nada mais do que a minha querida mãe, que se esforçou com a certeza de que eu seria capaz de pedir sozinho, sem ajuda, um lanche em uma lanchonete.

Assim como um espartano consegue fazer duas mil flexões, eu conseguia ler mais de dois mil gibis. Um espartano corre milhares de quilômetros, porém eu consegui ver milhares de filmes. Um espartano come em abundância, eu comia as séries de qualidade. E esse duro treinamento trocou o pensamento arcaico e obsoleto de uma criança por um fulminante intelecto da visão universal dos inúmeros conflitos humanos.

Nasci com uma instigante curiosidade e isso me permitiu perguntar tudo que via e lia. E quem melhor para responder aos meus questionamentos do que os meus pais? A paciência se fez presente nos mares bravios existenciais. Muitos pais não possuem tamanho equilíbrio para responderem a todas as perguntas dos seus filhos, e isso faz uma enorme diferença para alguém diferente em sua limitação de compreensão de si mesmo, do outro e do mundo.

Se um pai quer seu filho atento ao que está ao seu redor, ele deve dar-lhe atenção. Os filhos imitam deveras o comportamento de seus pais; se não é o caso, a influência será de fora de casa.

Sem ouvir os sons, treinei a minha sensibilidade para que pudesse sentir as mínimas vibrações ao tocar as minhas mãos em cada objeto próximo ao ruído. Eu via, mas não ouvia, imaginava as mais belas melodias.

A absorção tornou-se a minha aliada nos filmes e nas séries, visto que imitava coisas iguais, até mesmo as erradas, provocando a iminência dos castigos que pareciam não ter fim.

Havia as puxadas de orelha, e logo entendia que imitar os outros era errado. Deste modo, criei um filtro que me permitia colocar o certo acima do tapete e o errado sob o mesmo, junto com a poeira escondida.

Imaturo na minha infância, eu via meus amigos fazerem coisas erradas e pensava: *"Pô, eles são maneiros, vou fazer também"*. Uma decisão que me custou um mês sem ver TV, sem sair para brincar e com a mesada bloqueada.

Imagina no seu casamento? No seu trabalho? Na sua vida? Uma decisão muda o curso da sua história para a mais drástica tormenta ou para a mais agradável calmaria.

A imaturidade mostra a sua face perante as migalhas das consequências que comemos. Como exemplo disso, foi a influência das más companhias, em alguns momentos eram de alta tensão, mas a um custo alto. Tolo em minha falta de consciência, acreditei fervorosamente que sendo alguém errado faria parte do *grupo descolado*.

As influências, sejam elas boas ou más, tomam o rumo da sua existência. Você não pode ser pelo que os outros são, mas sim pelo que você é por si mesmo. Seja parceiro das boas influências.

Novamente, levado pela consciência, vi que a minha avaliação deu errado e apresentei-me aos erros para que pudesse descobrir a concha do amadurecimento, formando assim a minha compreensão voraz do certo e do errado.

A estadia aristocrata que foi a minha infância foi concebida por uma escola que me ensinou a andar com as próprias pernas nas veredas da educação humana. A Escola Golfinho Amigo e o Centro Educacional Portugal foram o cume do saber para um indivíduo que não era comum e, conforme aprendia, os professores aprendiam comigo.

As boas lembranças mais saudosas jamais serão esquecidas, já que são memórias que engradecem o interior de uma pessoa marcada por inúmeros conhecimentos relativos à nobreza da vida e, também, constantes *bullyings*.

O jardim de infância não é regado por muitos detalhes, mas tenho certeza de que nessa época a naturalidade e a inocência foram as melhores amigas que tive, não via o mundo com os verdadeiros olhos. Os professores sempre se dispuseram a me ajudar para que pudesse me tornar amigo das crianças. Só que mal sabiam que existia alguém deficiente com um coração maculado pela bondade e ternura com o sonho de ter amigos e que se lançava nos quatro cantos das salas perguntando se tal colega queria ser meu amigo.

No silêncio absoluto, falava e tentava do meu jeito incluir-me na sociedade. Minhas técnicas mais afiadas eram a naturalidade, a comunicação, a hiperatividade e a técnica mais fatal da coleção: a ingenuidade. E tais técnicas eram executadas nos trabalhos que eram frequentados pelo meu pai como consultor, principalmente nos restaurantes, uma vez que minha ingenuidade me liberava uma dose de falta de noção, me instigando a correr por baixo das mesas e fugir dos garçons. Minha habilidade era nata, posto que saía invicto dos coliseus alimentícios sem ser tocado pelas mãos dos temíveis garçons. Minha doce mãe, assustada, pensava que eu nunca me sentaria para assistir tranquilamente a programas na televisão.

Em contrapartida, as crianças de 3 a 6 anos são almas claras que não veem a deficiência dos amigos, mas a oportunidade de fazer amizades nos momentos de solidão. A felicidade estava presente nos dias de ida à escola, com a esperança de fazer mais amizades e desfrutar por longo tempo os recreios risonhos, mas tinha uma data de validade. E tudo terminou.

O que era quente virou frio. O que era amor virou dor. O que era um olá virou uma agressão. O que era uma criança que só queria amigos virou uma criança que só queria estar só. E o que causou a matança da felicidade foi o ser que todas as crianças têm medo de se tornar: ser adulto.

Com as suas duas espadas mais leais, o adulto empunhava na sua mão direita a espada da ignorância e com a mão esquerda dominava a espada do preconceito.

O gladiador sedento pelo sangue infantil corta a inocência, matando a bondade e a espontaneidade que havia nascido com estas crianças, originando o rótulo da exclusão ao diferente. Nasceu assim um público infantil que não era infantil, eram os reflexos dos adultos que enraizaram o *bullying* nas suas mentes e, assim como o ferreiro vive do aço, as não crianças vivem, por vezes, da maldade e da crueldade.

No capítulo 1, enfatizei o meu treinamento para a oralização devido à importância dela em minha vida, e tal feito permitia-me o vislumbrar das conversas tranquilas no jardim. Houve contratempos com referência aos professores, visto que tinham um pouco de dificuldades para me entender no início, entretanto era intensa dedicação deles com a intervenção das fonoaudiólogas, juntamente com os mestres da minha história, os meus pais. Todos eles fizeram-me sair do coliseu vivo marcado pelo néctar da perseverança nos anais da banalidade humana.

Usando da lógica de comum entendimento, pude observar que as crianças, os meus amigos, não tinham a mesma dificuldade dos adultos em me entender. E por quê? Ninguém pode explicar os mistérios de Deus, afinal de contas os pequenos criam uma sinergia parecida, parecem ter uma senha secreta para entrar na fortaleza. Entretanto, os adultos parecem criar uma senha secreta para destruir a fortaleza.

No fundo do coliseu, existem duas raças que competem entre si: a "raça criança e a raça adulta". Em tempos remotos, essas raças queriam o prêmio mais importante: a razão. O que era permitido usar dentro das areias do coliseu eram as armas entupidas de venenos emocionais.

Os adultos sempre vencem por conta de sua autoridade destrutiva, tomam em suas mãos o escudo da valentia das crianças e isso cria um cenário no qual pessoas que atingiram a maioridade não se entendem mais, devido a perderem as suas crianças interiores, deixando-as morrer nas areias vazias do coliseu.

Os adultos lutam contra as suas crianças interiores e projetam os resultados mais trágicos em seus filhos, causando um desentendimento de si mesmos, das suas crianças, em especial as com deficiência.

O distaciamento emocional leva a um estado de insensibilidade do *ser criança* nas centelhas dos adultos. Trocam a felicidade pela amargura. O especial pelo medíocre. De tanto viver nos conflitos do coliseu existencial, a areia seca transforma suas almas por dentro, trazendo a infelicidade em suas expressões. Morrem enquanto estão vivos.

Assim como há tempos de luta, há tempos de glória. Tal frase permitiu uma zona imemorial na imersão das minhas feridas memórias, que foram por tanto tempo as agentes penitenciárias cuja companhia já tive o desprazer de desfrutar.

A analogia desperta na zona imemorial e corrobora com a criação da *Confraria do Golfinho*, um grupo de pessoas com o propósito de aumentar os laços de amizade entre pais e filhos. Para a infelicidade dos integrantes, não perdurou tal comprazimento.

Regozijo-me ao lembrar de cada ato que me foi um aprendizado da alegria e da singeleza nas viagens mais inesquecíveis dentro das experiências mais marcantes das quais lembro-me com um sorriso no rosto, sem erradicar as duras lições que moldaram o pequeno aprendiz para as vias mais escorregadias da amizade.

Vias escorregadias são as veredas da exclusão, onde não acompanhar a conversa em grupo e nem falar com mais de dois amigos era liberada a avenida da incivilidade, precisando dirigir, mas com todas as saídas impedidas pela teimosia, visto que tentava estar no mesmo trajeto dos demais com a esperança de chegar ao destino final, o destino da aceitação.

Jamais perdi a intenção de tentar por mais que doesse; a vontade de participar sempre foi maior que qualquer dor. A vontade de ser incluído me permitia desenvolver cada vez mais a resiliência, mesmo não tendo ainda a consciência sobre ela.

Nas tempestades mais chuvosas, também houve o raiar do sol seguido de arco-íris, uma vez que as brincadeiras, as viagens e as lições de aprendizagem foram primordiais para que eu pudesse abrir a visão para o mundo das adversidades e das conquistas.

Como todas as crianças, a inocência e a pureza ainda eram presentes nas diversões e na construção do relacionamento afetuoso. Assim como há surpresas na vida, a Confraria me presenteou com adultos que lançavam os seus filhos, incentivando-os a se comunicarem comigo, dando atenção e espaço para que conseguisse ser livre.

Liderei ao longo de minha pequenez o dom audaz de observar os indivíduos que reagem às crises na ponta de seus problemas e o que fazem quando se dão por vencidos ou quando superam o que acham invencível.

O comportamento humano é como uma profissão, todos devem ter conhecimento similar para entender uns aos outros nas situações mais complexas. Podemos dizer que temos doutorado em reclamação, começando pelas nossas próprias objeções ao nosso comportamento. Então, por que não podemos ser PhDs no entendimento humano?

Aos 7 anos, vi o que seria considerado um caminho suave, praticar judô. Não é muito diferente do jiu-jitsu, que é uma arte suave, visto que o judô se foca no ippon (golpe aplicado com força, velocidade e controle para o oponente cair perfeitamente), entretanto no jiu-jitsu, é focada a finalização. Esse conhecimento aperfeiçoou a minha visão sobre a anarquia que envolve os seres viventes desse mundo.

Contextualizando, o tatame é como a vida, os judocas são como os seus problemas e o seu espírito é como a sua certeza. O tatame é considerado a sua vida, pois marca o exato momento em que a sua consciência tem a verdadeira noção do que foi feito no passado e no presente e o que será feito no futuro. Ninguém entra na vida despreparado, só se quiser tomar um ippon, cair ao chão e em seguida receber vaias estrondosas da plateia.

Há uma bomba-relógio que está pronta para explodir ao menor sinal de murmúrio ou subestimação diante de seus problemas. O que acontece? Conforme você vai aumentando gradativamente as suas reclamações, os seus problemas que eram pequenos tornam-se grandes. Quando você os subestima, eles não se tornam grandes, mas causam danos irreparáveis. E o que originou os danos? Você mesmo.

Enfrentei judocas maiores do que eu e entendi as suas agilidades, os seus tamanhos, as suas forças, e fiquei assustado, perdido e cabisbaixo. Inventava desculpas para não competir. A diferença é que era uma competição escolar, não um torneio da vida, onde não existem desculpas, mas sim a autossabotagem da própria história. Os problemas não vêm para nos fazer sofrer, mas sim para que tenhamos como objetivo combatê-los, e desse modo aprimoremos os nossos sentidos mentais, desenvolvendo a consciência de que para cada novo problema existe uma nova versão de si mesmo.

Por fim, não menos importante, a flâmula da vitória, o seu espírito. Ninguém vence sem espírito e ninguém derruba as adversidades com um espírito fraco. Como então ter um espírito que abandone a busca da superação, que grite pela resiliência nas dificuldades mais extremas em horários inoportunos? Ele nos fortalece. Alimente-o.

Já viu alguém ganhar a guerra sem estar alimentado? Observe as antigas histórias, os generais traçavam as estratégias com a finalidade de emboscar os suprimentos de seus inimigos para que estes morressem de fome ou ficassem fracos na hora da batalha. Esta é uma forte estratégia.

Em vista disso, mantenha-se nutrido, bem alimentado em todos os dias da sua vida. Alimente-se com oração, rituais de gratidão e com treinamentos para a sua saúde mental. Fortaleça o seu espírito para que os menores problemas sejam resolvidos, e não adiados. É simples, mas normalmente não praticamos, consequentemente teremos a dor para sermos radicalmente mudados.

Chegou a vez de aprender o futsal, mas, ora, como alguém que é manco pela deficiência iria aprender a jogar bola?

O que senti ao entrar na quadra foi forte e sincero: a sensação de ser escolhido por último pelos amigos. Não fui motivado a melhorar, a zombaria a cada terça e quinta-feira só aumentava e a minha afetuosa mãe não aguentava mais me ver jogando de forma horrível. Ela sentia a dor da exclusão de seu filho.

E o meu pai? Que homem teimoso com uma fé inabalável. Viu seu filho ser baleado pelas metralhadoras do *bullying* dentro do futsal e nunca se intrometeu. Ele acreditou. Torceu e apoiou. Não fugiu da guerra, e esta não era sua. Vivenciou a superação do filho com os seus próprios olhos.

Quatro anos de futsal, treinando todos os dias, às terças e quinta-feiras. Na escolinha, sentado no banco dos reservas, eu não parava de observar os meus amigos jogarem, mal sabiam eles que estavam dando suas perfomances como alimento a um sujeito sedento pelo sangue de ser o melhor das quadras. Observei-os arduamente, imaginei-os, poderia ser uma cópia de seus estilos, mas, não, eu os aperfeiçoei.

Não sou um gênio que nasceu com um dom, mas essa época mostrou-me o quanto um treino pode revelar tamanhos resultados. Esforço e trabalho duro.

Faço uso dessa frase: *Em vez de pensar no problema da surdez, pense na solução da visão*. Em consequência desse pensamento, aprimorei os meus olhos para que fossem capazes de enxergar onde cada jogador estava e assim entender as suas jogadas para interceptar suas táticas. Não pude ouvir, mas pude ver o que estava ao meu redor e, assim, dominar a percepção do jogo para que o impossível se tornasse possível aos olhos dos incrédulos.

Quem quer faz, não é mesmo? Querer não é poder, somente o "fazer" pode extrair do "querer" o inelutável sucesso.

Como foi possível comunicar-me com os meus amigos na quadra? A questão é que não pensei nisso, apenas mostrei que não era preciso, afinal eles sabiam que eu os estava vendo e que iria passar a bola para eles no momento certo. Você está vendo suas decisões e sabe o momento certo de fazer as coisas? Nervos de aço são adquiridos quando somos pressionados.

Não ouço, mas vejo. Desenvolvi a coordenação visomotora por prazer e não por obrigação de superar, mas por saber que a impossibilidade só existe na mente dos desacreditados. As atividades físicas, quando praticadas na infância, determinam o seu estilo para dominar o teatro do protagonismo.

Cheguei até a faixa azul do judô, optei por sair e praticar o futsal, que foi o meu berço da superação, uma vez que eram meses treinando, meses sendo zombado, criticado e humilhado. Não desisti até alcançar o pódio que poucos conseguem: a autonomia resiliente.

Era o último a ser escolhido e fui o primeiro a ser chamado antes de começarem a escolher os times. Tudo na vida é treino. Treino leva à perfeição, basta se esforçar para conseguir. Treinei exaustivamente para ser reconhecido, para ser o primeiro a ser escolhido e consegui. Havia um colega no futsal que eu admirava por sua performance, mas com muito treino o ultrapassei em questão de velocidade e drible. Só tenho a agradecer a esse colega por ter sido a minha inspiração nessa incansável tormenta, mesmo ele sendo um dos praticantes do *bullying*.

Dominei tanto a minha visão e a percepção que usei ambas na história da minha VIDA. As lições do futsal permitiram-me ir mais longe, ao interior do meu cerne.

Aos poucos fui crescendo, observando mais as pessoas, entendendo o que faziam e o porquê de fazerem o que faziam. Nesse momento em que desenvolvia a minha percepção, surgiu o meu primeiro *bullying* e depois ocorreram outros consecutivamente. A dor da exclusão começava a ser real. Lembra que mencionei anteriormente que crianças de 3 a 6 anos de idade não se importam com a deficiência dos outros? Então, após essa idade, elas crescem e começam a usar brincadeiras com cunho de ofensas e crueldades, tudo para atingir pessoas que, segundo elas, são diferentes.

Esse foi o meu caso. Primeiro zombavam de mim, devido à minha dicção ser diferente, imitavam a minha fala e depois tampavam a boca para que eu não pudesse ler os seus lábios. Faziam-me ser excluído. Mas por quê? O que fiz para merecer isso? Tentava entender, já que eles estavam manifestando a doença dos adultos. A dor em minha alma só crescia.

Afirmo que está no fardo daqueles que carregam a superação nas costas viver situações extremas de exclusão e de desafios. A dor nos fortalece ou nos destrói, mas depende do sentido que damos a essa experiência.

Existem, infelizmente, pessoas que não gostam do que realmente são, sentem-se amarguradas com a própria vida e acabam descarregando naquelas que estão ao seu redor. Algumas pessoas não se sentem à vontade, não gostam de ver deficientes superando pessoas consideradas normais. Elas sentem-se ameaçadas. Estão doentes de ciúmes e tomadas pela inveja. Tentam sabotar emocionalmente aqueles que lutam com a sua dor, imprimindo mais dor.

Como reagi a tudo isso? Não nego que fiquei triste e mal por cada malevolência que já havia recebido, porém saía forte para o próximo *round*. Preparava-me para voar, para ir mais longe do que jamais pensei que poderia ir.

A humanidade sofre da malignidade e do ódio oriundos das mágoas, rancores, desgostos e ressentimentos acumulados ao longo de toda a caminhada humana. O lixo emocional não reciclado e descartado gera danos à nossa saúde física, emocional, social e espiritual. O amor que nos foi ensinado quando éramos pequenos muitos o perdem junto com as crianças que outrora foram.

O mundo doente dos adultos já nos havia contaminado, a beleza e a leveza davam lugar ao peso de "ser" em um mundo de aparências, distante da verdade, com cada um mergulhado na mentira criada a seu bel-prazer. As pessoas demonstravam o que não eram. Eu as percebia em sua dicotomia, agiam diferentemente de suas falas. Os seus corpos gritavam algo diferente do que saía de suas bocas. Pensava que não queria ser assim.

A educação não se cria, se obtém. Absorvemos o que nos acontece e processamos cognitiva e afetivamente. As pessoas são educadas pelas diversas situações da vida e "escolhem" o que devem fazer. Quando acham que não têm escolhas, é quando fazem escolhas, isso é o princípio da Lei da Semeadura.

Muitos escolhem o lado ruim, o odioso, e isto se tornou comum neste século XXI. O presente século é marcado pela ansiedade, depressão, pânico e pela quantidade crescente de suicídios ao redor do mundo. Por que isso acontece? O amor já se extinguiu? As pessoas trocaram a bondade pela maldade? A amizade pela falsidade? A coerência pela ignorância?

Estamos imersos num buraco negro que suga todos os nossos sentimentos bons e apenas os ruins permanecem na essência da humanidade. Vivemos a pior versão de nós mesmos e reproduzimos a nossa dor nas relações que estabelecemos.

Até o ensino médio fui marcado pelos frequentes *bullyings*, que ocorriam em divrsos lugares: na escola, nas viagens e em outros locais. Sim, até nas viagens, que deveriam ser descanso para a alma, eu era perseguido pela barbárie humana. A dor emocional me levava a pensar que esse suplício nunca teria fim. Pensava que essa tortura continuaria a ocorrer em minha vida para sempre e que jamais sairia deste cativeiro, sem poder mudar esta situação, uma dura realidade. Porém me enganei.

Ainda uma criança, descobri que o palco da minha existência não poderia se transformar em um cárcere para as minhas emoções — o isolamento, a aflição, a infelicidade — visto que o encarceramento aprisiona o único lugar que deveria ser autônomo e belo: a consciência. Tal postura permitiu-me adentrar nas vias mais voláteis do paradoxo, carregando a marreta da razão para quebrar os paradigmas que criam a bruma da zona de conforto, contrariando as mais comuns tendências impostas na vida dos deficientes auditivos.

Escolhi o caminho mais difícil, cercado por espinhos perfurantes compostos das mais duras críticas, contendo um perfume doce das plantas venenosas em seus julgamentos, o qual era exalado a cada travessia que eu fazia. Foi escolhido o caminho onde as pessoas normais e ouvintes estão.

A decisão foi tomada, a superação foi despertada e a resiliência invocada para o possível confronto com as hostilidades que chegam a ápices inenarráveis na perspectiva da vida, crua em suas certezas: limitações físicas, psíquicas e sociais que existem e persistem na nossa mente.

Tenha em mente que a vida não veio com um propósito, mas sim com um ensinamento, nos fazer conhecer as áreas da vida que estão deficitárias, seja física, emocional, social, espiritual ou financeiramente. Elas podem estar secas de afeto e atenção e quando conseguimos enxergar, criamos um propósito para a vida, porque agora temos independência e podemos fazer escolhas que nos permitem alcançar a grandeza.

A nossa vida é movida por escolhas e não há meio-termo nem jeitinho brasileiro.

Escolhi o caminho da deficiência, não como eu DEVERIA ser, mas como POSSO ser, para trilhar com o sentimento mais ardente do estoicismo (escola filosófica helenística que se pauta na resignação diante do sofrimento, das adversidades e do infortúnio), defendendo-me da tirania turva do mundo exterior com o intuito mais hediondo: estancar meu frágil miocárdio.

Nas ermas terras do exílio que um humano não ousaria rumar, despertei no cerne da minha alma, no mais profundo do meu âmago, a mais pura gentileza, o que permitiu travar incontáveis batalhas contra a psique para que se originasse um alguém capaz de aceitar a si mesmo.

O começo de uma era, a era da grandeza, inicia-se pela simplicidade da educação: de não jogar o lixo nas ruas, cumprimentar os garis, ser gentil com os agressivos, não acender o fogo do conflito, não contar mentiras a quem quer que seja, o que nos possibilita sermos pessoas ricas de afeição. E somente aqueles que sabem quem foram os seus algozes com o coração em paz reinarão no seu teatro psíquico e não sucumbirão ao menor sinal das adversidades mutáveis.

O impossível pode existir para as pessoas ditas normais, mas para o deficiente não há tempo disponível para o impossível. Alguém que não tem os braços só pode carregar as compras no ombro, ele não reclama e carrega. Entretanto, o homem perfeito da sua condição física reclama de pegar o controle remoto por pura preguiça. Reclama de levantar às 6 horas da manhã, de lavar a louça da pia, enquanto deveria demonstrar gratidão por ter uma condição física perfeita.

Quando se é educado devidamente, os limites serão questões de escolhas. Afinal, quanto mais estimulado um deficiente é, mais poderá render em seus processos cognitivos e afetivos.

A humanidade conheceu o mundo ouvindo, eu aprendi sobre esse mesmo mundo e sobre a humanidade vendo.

Deus não me deu a audição, mas deu-me a visão, a mesma que muitos escondem por medo de verem as suas próprias desgraças. Contudo, se comprazem em ouvir as desgraças dos outros.

Não fui abençoado com tamanhas facilidades como falar ao telefone, mas o mundo evoluiu tecnologicamente, provendo-me com o Messenger e o WhatsApp, que reinventaram todo o conceito de comunicação, abrindo possibilidades relacionais. Só que quanto mais a tecnologia avança, mais a mentalidade humana regressa ao seu pior estado, devido aos danos nocivos que as dimensões tecnológicas proporcionam. E eles não são pequenos.

O avanço da tecnologia ajudou-me bastante, porém pude ver a metamorfose zumbi que está infectando as pessoas, visto que elas isolam-se no campo tecnológico para amenizar as suas dores mais profundas.

O que devo fazer para me diferenciar em meio à anarquia impregnada pelo egoísmo individualizado e pela falsa compreensão? Como a minha educação foi forjada? Vi-me escalando as paredes mais íngremes do monte Everest das emoções e, a cada deslize meu, fui forçado a pôr minhas mãos cansadas por todo esforço para continuar a escalada. Encontrei-me olhando para esse mundo manchado pela dor e coberto pelas ilusões que os desejos mais inconsequentes podem trazer. Exatamente aqueles que a mente humana pode idealizar nas circunstâncias insensatas.

Escalei pedra sobre pedra até alcançar o que chamaria de "Janela da Alma", visto que poderia obter a recompensa mais esplendorosa — os olhos que escutam, pois não há vista mais bela quando enxergamos além dela.

E no pico desse monte havia uma forja que somente os meus pais sabiam controlar. Controlar? Por quê? Porque eles deveriam buscar o melhor aço, dominar o fogo em sua magnitude e martelar de forma consistente para ser capaz de apanhar, chorar, argumentar, sorrir, cair e levantar, tudo por um único objetivo: amadurecimento da consciência.

Porém não sou perfeito, erro, compreendo, tenho fases de conflitos e confrontos contra a minha pessoa, mas sei que uma vida sem contratempos é uma vida sem possibilidade de alcançar o prestigioso nirvana.

Os inúmeros problemas que somos capazes de confrontar são primordiais para nos tirar do casulo da imaturidade e despertar as asas da nossa consciência para que possamos escrever de forma bela as linhas da nossa história.

Não existem pontos finais, existe um (re)começo.

Convivi na minha infância com problemas externos e internos, mas fui engrandecido pela ajuda de meus pais para resolvê-los enquanto ainda estavam em seus estágios iniciais, já que os problemas sem solução tendem a crescer. E, quando estes se aproximam de nós com os seus impiedosos martírios, propiciam também chances de os resolver e, assim, escrever por nós, verso a verso, o conto dos gigantes das tormentas.

Assim como Homero, que criou a *Odisseia,* meus pais trouxeram à vida um homem que carrega poesia na alma e em suas feridas travessias fortes melodias. Um alguém consciente da sua inconsciência terminal que marca o fim da marionete que foi por grande período emaranhada pelo ventríloquo da dor existencial.

E o crescimento desse ser humano o levou a descobrir que portava a mais bela das espadas, a resiliência, que por muito tempo esteve empoeirada e enferrujada e, com o brandir dela, tornou-se o protagonista da sua existência. Não espere misericórdia do reino dos homens, porque eles não terão de você.

Não espere frutos generosos de suas escolhas erradas, porque elas trarão infelizes consequências. O palco da sua batalha como guerreiro está na zona mental. Cabe somente a nós tomar o nosso lugar ao sol, erguer o espírito, rugindo com vontade. E, deste modo, se assim você agir, caro amigo, verás o clímax iminente dessa impressionante luta e apreciarás um dos cenários mais encantadores: a conquista da consciência plena.

O mundo em todos os seus hemisférios está estabelecido pela colheita de cada ser humano, uma vez que as ações são semeadas no solo da humanidade e as tragédias comandadas pelos inconsequentes são desmascaradas, visto que estes não estão conscientes de suas reações diante de cada bravata humana.

As emoções caracterizam o nosso ser, mas somos nós que arquitetamos a nossa razão diante das intempéries que magnetizam a nossa vida nos tempos bons e nos ruins.

A aprendizagem é diária e normalmente vem do querer, mas é precária no fazer. Quando queremos, não tiramos a ideia do papel, mas quando fazemos, entramos em contato com a criação, com a realização do desejo. Se não fazemos, precisamos estar conscientes de que poderíamos ter feito, mas ficamos apenas no desejo de fazer. Não é necessário o arrependimento, mas se admitimos o erro, podemos refletir e seguir em frente sem olhar para trás. Caso contrário, regressamos ao começo e iniciamos um ciclo vicioso, onde sempre retornamos ao início e jamais avançamos.

Os hábitos que mais corroem as veias do porvir são as desculpas açucaradas e injustificáveis, são vícios que dificilmente são percebidos, mas quando pronunciados e adestrados nos rebaixam ao mais desprezível ser.

Não sei como as pessoas lidam com os traumas e as experiências mais dolorosas da vida, como se comportam diante das ações deploráveis das pessoas, mas eu inclino-me ao cenário passado da infância, penso e simulo o que deveria ter feito. Trabalho os medos liderados pelas incertezas das perguntas que são classificadas na severa categoria do desprezo e da humilhação e me contenho: *"Mais um dia que serei humilhado, melhor ficar quieto"*. Esta dor levou-me a ter a consciência que adquiri naquela época.

Por tudo isto sinto gratidão. Por ser um alguém nesse mundo corruptível permeado pela criação de repetidores esnobes, e não pensadores forjados pela dor excruciante de andar descalços nessas terras abrasadoras da boçalidade, tolice e malícia, sem me corromper aos devaneios.

Não guardo rancor nem mágoas, somente a certeza da evolução que venho tentando obter para me reinventar, me transformar em um ser humano melhor, consciente sobre minhas fortalezas e fraquezas, consciente sobre as fortalezas e fraquezas dos outros e sobre a fortaleza que é Deus. Procuro as coisas mais simples da vida, os mínimos detalhes que normalmente não são valorizados: *um sorriso espontâneo, um olhar pego de surpresa, uma conversa sincera, um abraço de alma*.

Os inconstantes julgamentos, os inúmeros *bullyings* e as incontáveis exclusões não me fizeram um indivíduo odioso pela raça humana. Ao invés disso, tornaram-me um amante dos traços intrigantes de suas respostas às casualidades que aglutinam em suas vidas. Sabe qual é o valor da educação de cada filho? Quais os processos para que se atinja uma educação singularizada?

Atente-se à explicação de conhecimento geológico: o que acontece abaixo da crosta terrestre, no interior da Terra? O treinamento. São necessários vários séculos para que as camadas de magma sejam depositadas umas sobre as outras, fomentando por meio de fortíssima pressão. Assim sendo, o magma é comprimido até se petrificar. E qual é o resultado esperado? Diamantes belíssimos, extremamente valiosos e duradouros.

Esse é o valor de uma educação. Observe que o diamante passa por um processo de altíssima pressão durante a sua evolução no interior da terra. Concorda que é assim que os pais devem fazer com os filhos? Pois então, tal façanha foi o empreendimento dos meus pais, que me levaram para os confins do interior da minha mente, para as zonas neuronais, comprimindo-os para que enxergasse o valor inestimável que possuía e refletisse sobre a chance de me tornar o personagem principal e em atividade.

Não importa se somos deficientes ou não, somos seres humanos e precisamos receber uma educação fora do contexto dito "normal" para que possamos apresentar a melhor das qualidades, a desconstrução de cada dia, para saber racionalizar os problemas que surgem, visto que, ao nascermos, somos expostos a pequenos deslizes que geram desvios de caráter e possivelmente causarão dor da alma.

Vivemos em uma sociedade com uma enorme diversidade de profissionais, como na psicologia, psiquiatria, medicina, advocacia, fisioterapia, nutrição etc. Sempre estamos servindo aos outros, mas por vezes esquecemos de nos servir com uma pequena porção de amor, pois estamos ocupados com as ondas de preocupações que invocam as piores angústias nos lugares mais improváveis da nossa consciência.

A imperfeição reside no meio humano e somente os que estão conscientes sabem como transformar o tufão das dificuldades em leves ventos de felicidade.

Há o lado bom e o ruim da vida, engana-se aquele que somente enxerga o lado bom, uma vez que o ruim pode estar escondido trazendo mais um companheiro: o furacão atroz. Para não cometer esse infeliz erro, devemos tirar proveito dos dois lados enquanto ainda estão no nosso campo de visão.

A inteligência cognitiva (pensamento lógico), a inteligência emocional e a inteligência espiritual estão diante de nossos olhos e quanto mais cedo aprendermos a tirar delas o melhor, mais conscientes seremos num mundo em que são intrínsecas as desculpas e rotinas exauridas, carregando um passaporte carimbado de reclamações e descontentamento a respeito dos míseros problemas.

Para debelar a dor, devemos ficar quietos e ser surdos à voz daqueles que tentam nos contaminar nos momentos em que não criamos anticorpos para resistir. Foco.

Custa você fazer o certo? Custa viver sem denegrir a si mesmo? Custa ser diferente? Devemos olhar por outros ângulos e sair do vício de dizer: *"Irei perder tudo se não for aceito"*. Aliás, agindo assim, podemos afirmar que perdemos tudo quando tencionamos a aceitação dos outros e não a nossa própria.

Valorizemos tanto o menor quanto o maior, tanto o pior quanto o melhor, tanto o inferior quanto o superior. Equilíbrio. Precisamos aprender com as tentativas, visto que são elas que irão nos mostrar e ensinar no que erramos.

É necessário ser o protagonista da própria história para saber caminhar pelas nossas terras mentais, aprendendo sobre a vida, uma vez que a todo instante a vida vai estar lá para nos ensinar severamente e não vai importar o diploma que temos.

Ser deficiente em algo pode ser um incômodo, dado que notaremos que nos falta alguma coisa na vida cotidiana. Deste modo, minha sugestão é pensar olhando por outra perspectiva.

Descobrimos o que as pessoas normais não descobririam, abrimos portais que a normalidade não ousaria atravessar, mergulhamos nas profundezas do exílio onde um humano em seu estado padrão seria morto pela pressão, tantas coisas descobertas em virtude de enxergamos o fascínio das adversidades.

Único e diferente, da deficiência à eficiência, da tristeza à alegria, do anonimato ao palco da sua existência, marcando a certeza de que não há ninguém igual a mim nem a você, uma vez que somos maestros orquestrando com as nossas próprias mãos o prelúdio dos dramas fúnebres que manipulam as lindas notas musicais para o descortinar da vida em seu tom aprazível.

E deste modo, continuei a tocar os meus instrumentos emocionais usando o meu corpo como batuta para atingir o desfecho mais belo nas situações incertas, e a única vantagem que pude obter foi saber que ninguém acreditava em mim a não ser eu mesmo, meus pais e Deus. Isso foi o suficiente para que essa tomada de consciência me ajudasse a abrir as cortinas da psique.

Precisamos parar de buscar culpados para os nossos problemas, além de parar de nos culpar pelas desgraças. Devemos antecipadamente pensar e em seguida revelar-nos diante do espelho, uma vez que, quando nos conectamos à nossa verdadeira essência perante o espelho (muitas pessoas não fazem isso por vergonha ou porque acham esquisito), fica mais fácil de entender a si e o porquê de estar andando por caminhos difíceis.

O ensino fundamental foi o campo de batalha sangrento que um manco pela deficiência teve que pisar. As areias eram conhecidas pela discórdia e pela intolerância humana, fazendo com que tal ser humano não conseguisse estar presente com seu escudo e sua espada, visto que a sua psique não estava ali, já que esta estava concentrada nas cicatrizes emocionais que ainda não haviam sido fechadas. Portanto, a ingenuidade provocava-me o sofrimento, me impedindo de ver com clareza as ameaças ocultas, fazendo com que o túmulo da dor fosse iminente.

Ao amanhecer, o sofrimento estava lá para abraçar-me e, ao cair da noite, as feridas estavam lá para beijar-me. Todos os dias precisava acordar e enfrentar o gigante que por muito tempo fragilizou a minha saúde mental. Dormia sabendo que o gigante estaria lá no dia seguinte, porém agora estava como aliado.

A dor distorce a realidade, ela quebra a sanidade, encarcera a mente humana, mas molda os justos e fortalece os corajosos. O amadurecimento da dor é igual à Teoria da Lagosta. Este crustáceo, para continuar crescendo, inevitavelmente vai sentir dor, e isso deixa a lagosta desconfortável em sua casca. Para mudar essa situação, precisa ir a um lugar longe dos predadores para trocar de casca, fazer uma mudança em si, assim se reconstruir, se reinventar, a fim de obter uma mudança significativa na sua história. Esse ciclo se repete constantemente, visto que todas as lagostas passam pelo mesmo processo. Não é apenas uma vez, duas, três, todos os dias alguma lagosta em algum lugar está trocando seu exoesqueleto.

Os tempos do ensino fundamental foram vistos pelos meus breves olhos da consciência atual, que enxergavam apenas o lado obscuro da humanidade e suas ações corruptíveis. Eu podia perceber as reações e, principalmente, as omissões da humanidade diante das deficiências das pessoas. Assim como uma agulha fina machuca o dedo ao cutucá-lo, a exclusão social invisível machuca a alma em seu âmago.

A dor humana foi absorvida das relações infelizes estabelecidas com outros seres, digamos, não tão humanos. Esta dor proporciona um brusco aprendizado que poderia até despertar Sigmund Freud de seu sono eterno para conversar com a mente chicoteada por olhares desumanos que deixaram de praticar a gentileza.

Não mereço honrarias, visto que todo meu aprendizado se deve ao feito da minha mãe como uma orientadora austera. Tal foi a saudável cobrança com os meus estudos que me levou a tirar boas notas, o que é uma grande conquista para quem é deficiente auditivo de nascença. Isto é fato que começou no jardim de infância e se estendeu até o ensino fundamental.

Do português à matemática, da geografia à história, do inglês ao espanhol, da ciência à arte, da física à química, minha mãe, uma forte mulher, despertou toda sua essência de provedora para dar-me a coisa mais importante: *a paciência no ensino e a fé que gera capacidade*.

A batalha para seguir no ensino fundamental estava à mercê das minhas habilidades emocionais e perceptivas. Foi lançado o desafio que traria à tona a minha independência e o crescimento evolucional mediante a hostilidade humana. Era necessário buscar as ferramentas certas para sobreviver às armadilhas da vida, ou seja, compreender a agressão verbal daquele que perdeu totalmente a empatia pelo ser humano.

Mesmo entendendo o que deve ser feito, a vergonha de ser manco pela deficiência permanecia saturando a minha mente. Por exemplo, eu não conseguia sentar em uma cadeira na parte da frente na sala de aula. Os professores às vezes seguiam para a parte de trás, mas não tinham coragem de chamar a atenção dos alunos maldosos. Devido a essa situação, comecei a sentar na terceira fileira da sala, a fim de entender a matéria exposta em aula, além de precisar acompanhar os professores que se moviam de um lado para outro.

Assim como qualquer criança, eu tinha um grupo de amigos. Este grupo era composto por alunos de diferentes raças, cores, gêneros e opiniões. E nós respeitávamos uns aos outros. Havia brincadeira, é claro, nós nos zoávamos, mas não pelas deficiências. Tive o privilégio de ao menos na temporária infância encontrar pessoas fascinantes.

O valor de uma educação humana fica enraizado conforme se aprende. São descobertas as percepções que nos fazem avançar quando estamos em frente daquilo que nós vemos, ouvimos e sentimos nas multirrelações que estabelecemos com os outros. Podemos absorver e filtrar o que é certo do que é errado.

Assim como o patógeno mais letal exposto faz mal a um ser humano, os pensamentos e as emoções aos quais somos expostos nos contaminam por dentro, formando a base de nossa identidade. Infelizmente, não existe um antídoto racional e acabamos nos movendo para o lado negro. Não posso negar que fui tentado por diversas vezes a ir para o lado negro, sendo impedido e amparado pelo sargento que me ajudava a recobrar a consciência. Meu pai me mostrava como era o catastrófico mundo que eu estava preste a adentrar.

A escola era comparada a uma guerra sem que se escutassem os tiros das metralhadoras, mas era necessário se manter nas trincheiras observando os aliados atirando, morrendo e até mesmo fugindo. Como sobreviver a essa conflagração? Através da informação.

Se alguém está atirando, supomos que ele sabe onde está o alvo (entendendo a matéria); se um está morrendo, entendemos que estamos sendo massacrados (não está entendendo a matéria); se um está fugindo, pensamos ser um covarde (não quer nada com a escola). Como distinguir a verdade das suposições? Através da análise.

A análise ajudaria a criar convicção, uma vez que eu dependia de alguém, precisava observar alguém para agir certo e ter certeza. As informações são detalhes valiosos, pois nos salvam no dia a dia, assim como um investidor que, ao saber que as ações de uma empresa vai subir, compra as mesmas quando estão em baixa.

Eu precisava correr atrás dos meus objetivos. Escolhi o caminho mais difícil, mas com a consciência de que o potencial humano só é despertado quando somos obrigados a quebrar os limites intangíveis da nossa mente para vencer os ininterruptos obstáculos que aparecem na vida.

Como eu estudava? Com todos os recursos que me foram dispostos, e um deles, em especial, foi a internet, que não só me ajudou, como também desenvolveu o conhecimento que tenho até hoje.

Eu entendia muito pouco na aula, era o único surdo em uma escola para ouvintes e isso fez-me crescer como uma planta entre as rochas. A água e o ar para sobreviver eram os momentos de solidão no meu quarto. Meu único objetivo era entender a matéria do dia seguinte. Nós não nascemos sabendo enfrentar as intempéries e os duros desafios da vida, falhamos, corrigimos e então nos levantamos. Isso é ser humano, com ou sem deficiência. A diferença dos deficientes para as pessoas ditas normais não é a falta de algo, mas sim o ganho de algo. A percepção e o sentimento de ser um alguém equipado pelo poder mais nobre: a *"D-Eficiência Humana"*.

Aqui o meu reconhecimento e os mais profundos agradecimentos aos professores e funcionários do Jardim Escola Golfinho Amigo e do Centro Educacional Portugal, ano 2000 a

2012. Eles fizeram praticamente o impossível para me ensinar a buscar a minha consciência. Mesmo diante das dificuldades, não desistiram de prover-me com o melhor dos ensinos e a mais tenra das paciências para que eu pudesse ser um aprendiz em constante crescimento.

Os professores vieram para elevar a nossa inteligência crítica, os pais vieram para afastar-nos da negligência diária. E assim seguimos.

O tempo vai passando e vão surgindo palavras novas, inúmeros pensamentos e mais observações para colecionar sobre as pessoas.

Cheguei ao ponto de encarar o ensino médio no Colégio Nossa Senhora do Rosário, um lugar onde não conhecia ninguém, após vir de uma escola com a qual eu estava familiarizado. Mergulhei em águas desconhecidas, imperceptíveis e sem vínculos com alunos e professores. O medo foi subindo no âmago, uma vez que ainda batia forte no peito a sensação de ser julgado pelos estudantes de lá, pois eu sabia que iriam ver alguém diferente, que não se vê no dia a dia.

A adolescência é uma fase complicada, uma vez que é nessa fase que encontramos a corda bamba das invejas, das provocações e das dores. Só quem não entende o objetivo desses conflitos vai rumar ao desfiladeiro estreito das suas emoções. Será uma pessoa insegura.

Vi uma oportunidade de transformar a mente e o corpo na cova dos leões famintos pela desgraça humana.

Assim como todo mundo, prestei o exame para entrar no colégio e tive a ajuda do meu pai para ter uma melhor comunicação com a coordenadora, explicar a minha deficiência e quais os meios de que deveriam dispor para ensinar-me. Meu pai começou com uma palestra para os professores que foi benéfica para todos, para eles e para mim. A maioria dos professores teve acesso ao meu caso e isto os preparou melhor para saber me orientar eficientemente. Apenas um professor não imergiu no meu caso, mas não irei pronunciar o seu nome por respeito. Respeito este que me engrandeceu novamente, porque ele foi o homem que me obrigou a cavar ainda mais fundo o solo da vontade e a encontrar o mais notório dos diamantes: a superação. Esse temível professor sempre se esquecia da minha deficiência. Eu olhava para o quadro e sentia-me como um cego em tiroteio dentro da sala de aula. Sem saber o que estava acontecendo com as hemoglobinas e suas funções, sem entender a funcionalidade do DNA e do RNA, sem saber justificar o reino monera do reino protista. E o que eu pudia fazer? Chamar a atenção dele? Sim, pois ele esquecia que havia um deficiente auditivo na sala, mas após 20 minutos esquecia novamente. Por diversas vezes a coordenadora conversou com ele, mas infelizmente não adiantava nada. Ele ouvia e não mudava. E tal obstáculo tornou-se a ponte para a conquista inviolável do meu *mindset* (atitude mental).

Era chegada a hora de o cego em tiroteio saber pela audição de onde vinham os tiros e desviar-se das balas, só que no meu caso tinha que aprimorar mais a visão e a percepção. Pegava os tópicos principais que o professor escrevia no quadro, inclusive perguntava as partes mais importantes para estudar, e jogava tudo no lugar mais importante, a internet. Pesquisava em todos os sites possíveis, lia cada detalhe que seria crucial para mim. E o resultado de ter orquestrado essa difícil sinfonia? Nunca fiquei em recuperação nem fui reprovado na matéria dele. Três anos no ensino médio com esse homem fascinante, foram anos difíceis, porém enriquecedores, que permitiram ativar a forja da disciplina.

No 1º ano do ensino médio o julgamento tornou-se o meu novo melhor amigo. O coletivo de adolescentes é uma "alcateia de lobos" e, para melhorar, a feiura estava presente na minha imagem, piorando ainda mais a situação. Espinhas inflamadas, aparelhos, nos dentes e nos ouvidos. Não era nenhum galã, infelizmente.

A aurora brilha nos céus assim como a filosofia brilhou aos meus olhos, favorecendo-me um olhar mais apurado de mim mesmo, do outro e do mundo hostil. Exposto à matilha, a única escolha era vencer cada situação, porque de nada adiantava ficar cabisbaixo. Afinal, no dia seguinte, tinha que estar lá de novo e ficar fugindo da batalha não é nada bonito para alguém que quer alcançar a grandeza de si. Construí mecanismos emocionais para vencer esta etapa nada feliz da minha tenra juventude.

Ser feio e ser deficiente é uma combinação que as pessoas não gostam, aprendi isso lamentavelmente ao longo do tempo. Mas existe uma coisa chamada RESPEITO, e isso foi conquistado durante a estadia no ensino médio. Como? Consciência de ser quem sou, e isso ninguém podia tirar. Um homem consciente deixa os resultados falarem por si sós. E minhas notas eram altas comparadas às de um ouvinte em quase todas as matérias. Este era o meu resultado. Quando havia apresentação de projeto em grupo, o meu trabalho era extraordinário, comparado ao de um deficiente auditivo comum e ao dos ouvintes. Lembrando que muitos se esforçavam para não falar e até subornavam um *nerd* com chocolates para falar por eles.

A educação moldada pela espada consciente perfurou a minha carne para que pudesse alcançar a maturidade emocional. E a sensação? Muito melhor que comer o estrogonofe da minha mãe. E tal sentimento me impulsionava a alçar o céu com o intuito de ver o que há nas brancas nuvens.

Quando alçamos grandes voos, adquirimos o poder de admirar as coisas boas da vida. Normalmente os momentos mais alegres são facilmente esquecidos, mas os momentos de infelicidade, tristeza e mágoa são enriquecidamente revisitados pela mente humana. Precisamos virar esta chave e ter o controle, não permitindo que a nossa mente fique no piloto automático.

Quando falamos em educação, não podemos esquecer o sentir respeito e respeitar. Eu sei bem o que é isso, sempre senti na pele. Certo dia, alguns colegas estavam brincando de queda de braço e eu resolvi participar. Quando comecei a perder, não me contive e irrompi com xingamentos, porém, ao pronunciar as palavras, troquei o P pelo B. Infelizmente as insensibilidades dos meus colegas os fizeram praticar chacota e humilhação. Quer saber o que eu fiz? Impus respeito para que entendessem que eu não estava gostando da brincadeira maldosa. A partir desse momento, aprenderam a me respeitar.

Somos respeitados quando mostramos respeito por nós mesmos. Precisamos nos respeitar e aos outros também, independentemente da cor da pele, da raça, do gênero ou da deficiência. Não permita que o exterior maléfico invada o único lugar que merece a sua paz: a sua psique.

Na Grécia antiga existia o termo *paideia,* que significa sistema de educação. Esta englobava diversas áreas do conhecimento com o objetivo de formar um ser humano perfeito e completo, apto a comandar e ser comandado, com capacidade de desempenhar ações positivas na sociedade. Somente deste modo podemos viver e conviver bem com os demais cidadãos.

Estamos em pleno século XXI e ainda enfrentamos barreiras absurdas de preconceito, porém creio que as próximas pessoas que virão para o planeta terão um grão de esperança, se formarmos os seres humanos livres de temores e de incertezas que geram insegurança e conflitos no dia a dia. A utopia, que parece continuar em berço profundo, conta com o sonho de uma educação de valorização do ser humano e, assim, deve favorecer o crescimento do indivíduo, liberando-o para o desenvolvimento do seu potencial e de suas habilidades, tornando mais claros os seus deveres e direitos, seus próprios limites e suas relações. Porém isto será algum dia a realidade?

É necessário um esforço conjunto para melhorar a educação no país. Entretanto, não é a escola ou o sistema educacional brasileiro que dá a base da educação, e sim os pais ou responsáveis em casa. É no lar que acontece a criação das crianças que serão o futuro da nação. O crescimento físico e a maturidade emocional são possíveis, só que a imperfeição e os defeitos do ser humano residem, e a ferramenta mais poderosa deve ser sempre cultivada: a consciência.

E assim continuava a minha jornada como manco pela deficiência, sendo preparado para viver na selva que se chama sociedade, descobrindo a cada dia quem eu era e como deveria me comportar diante de cada cálida situação que se apresentava diante de mim.

Lao-Tsé dizia: "*Quem conhece os outros é inteligente. Quem conhece a si mesmo é sábio. Quem conquista os outros é forte. Quem conquista a si mesmo é poderoso. Aquele que controla a si mesmo tem força de vontade. Aquele que se sastifaz é próspero. Aquele que não perde o seu posicionamento é durável*".

Existem, nessa triste realidade, muitas pessoas que não respeitam a si mesmas, entretanto se curvam e respeitam o que as destrói e, devido a isso, não contam com um crescimento maduro e feliz. E tal atitude contamina os que estão à sua volta, fazendo com que o desrespeito esteja presente.

A percepção que temos dos outros é o que pensamos de nós mesmos e eles nos tratam como nos percebemos e nos tratamos.

Quero aproveitar este momento de reflexão para fazer uma pergunta. Peço que deixe de lado a vaidade, as suas crenças, as coisas supérfluas e responda com sinceridade para você mesmo e sem sofrimento.

— *Quando você ficou em torno de cinco minutos se olhando no espelho apenas para se admirar? Qual foi a última vez que se olhou com generosidade, sem pensar nos problemas e ocupações?*

Somos seres humanos defeituosos e únicos. Ninguém irá saber enfrentar as nossas batalhas a não ser nós mesmos. Podemos até pedir ajuda a um psicólogo, a um psiquiatra e até mesmo ao nosso vizinho, mas quem determinará o resultado somos nós.

A minha vida é concebida dia após dia ao enfrentar o impossível e ao mostrar aos desacreditados ateus que tudo é possível.

Não precisamos correr atrás de esmolas emocionais e não devemos agir pela emoção. Um grande mal é permitir que a cólera e a impaciência se estabeleçam, isto causará dano emocional, mental e físico. No fundo o que precisamos é de paciência para agir nas situações desfavoráveis, nos mantendo em paz.

Na história é difícil encontrar alguém parecido com Salomão pela sua inteligência, com Abraão pela sua fé, com Sansão pela sua força, com Jacó pela sua astúcia, com Daniel pela sua coragem e muito menos ainda com Jesus pela sua perfeição. Observe que não existe ninguém igual no mundo. Ninguém é igual a você nem a mim. Porém todos temos algo maior. Todos esses homens tiveram alguém em comum — Deus.

Não devemos esperar misericórdia vinda do Reino dos Homens, pois cada um pensa primeiro em si para depois pensar no outro. No primeiro tiro de arma, eles fugirão e não tentarão te salvar. Não terão empatia, mas sim críticas.

Dentro de nós há uma força extrema querendo ser invocada para que saiamos do antagonismo para entrar em consonância com uma mente assertiva e positiva.

Formei-me no ensino médio com louvor e segui pelo caminho do crescimento acadêmico até parar nas grandes portas da fatídica faculdade. Novamente um lugar novo, pessoas novas e professores novos. E, o mais novo, o diferente, foi o desafio de ser o único universitário surdo na Universidade Veiga de Almeida, no Rio de Janeiro.

Entrei nesse navio aparentemente mais seguro que o Titanic, mas estou consciente de que preciso saber o que fazer para não me dar mal e, como se diz, entrar pelo cano e acabar sendo reprovado.

Outro ponto importante que quero abordar é a alimentação. Esta é muito importante para a nossa saúde. Ela influencia todo o nosso corpo. Por algum tempo, me mantive com hábitos alimentares calamitosos que me deixaram em estado deplorável. Meus pais, percebendo a situação, prontamente decidiram levar-me à endocrinologista e à nutróloga para começar uma reeducação alimentar e, por meio desta, obter uma alimentação saudável.

O triste é que mantemos hábitos alimentares destruidores, comendo alimentos gordurosos e gostosos e bebendo açucarados e com a falsa impressão de que é saboroso, sem ter a noção de que tais hábitos poderiam nos levar aos braços da doença ou mesmo para a morte.

A médica foi muito atenciosa, amável e rigorosa, prescreveu dietas intensas e exercícios tempestuosos com um singular intuito de matar o que estava me matando. Logo as cortinas se abriram para uma nova realidade, um mundo do qual os refrigerantes, os doces em excesso, os biscoitos industrializados e os salgados da esquina não fariam mais parte. A sacarose refinada havia terminado dentro do meu corpo. Hoje em dia me permito ingerir um dia na semana ou aos fins de semana. Usufruo de algumas insanidades porque os doces são gostosos. Reitero, ninguém é perfeito.

Para que ocorresse a minha transformação, foi extremamente necessário o apoio dos meus pais. A cada hábito mudado foi como se a minha carne estivesse se renovando, o que mostra a gravidade da situação de um viciado em comer e beber os produtos fabricados pelo Reino dos Homens.

A minha tão alegre infância, mas tão poluída pelas alimentações desprezíveis, levou-me a comer alimentos saudáveis que outrora não havia experimentado e hoje, felizmente, passei a gostar. Também fui impulsionado para fazer corridas diárias. Antes, pensar em correr era um verdadeiro pesadelo. Hoje, me exercitar é como o ar que respiro, corro na esteira ou na rua, pulo corda, faço caminhada no campo, com duração de uma hora e meia, conforme conselho da amada doutora. E, pasme, no começo eu morria de cansaço com apenas dez minutos de corrrida. Porém, para a minha angústia, meus pais me incentivaram a continuar. Cortaram todas as frituras do meu cardápio. As frutas, os legumes e as verduras passaram a fazer parte da minha vida e eu até guerreei com elas, mas, para a minha sorte, o bem sempre vence o mal.

Os hábitos ruins nos destroem, mas com disciplina e força de vontade nos habituamos a fazer o que é certo e bom para a nossa saúde. Com tempo e treinamento adquirimos novos hábitos e estes nos tornam imbatíveis. É uma escolha ser imbatível na vida ou na morte.

No momento presente é lícito dizer que foi possível conquistar um corpo saudável e forte (sem suplementos, pois a doutora é contra). Todavia nada disso teria acontecido se não tivesse tomado vergonha na cara e me lançado nessa impetuosa aventura. Uma prova que todos nós mais cedo ou mais tarde precisaremos encarar para eliminar os nossos nocivos desejos que só servem para fazer mal à saúde.

O nosso sucesso não justifica o fracasso na saúde. Somos o que comemos e o que bebemos no nosso dia a dia e nada supera a persistência que a rotina gera. Ela é fatal.

Lembro que a preguiça e o ódio de ir para a academia eram fortes e o estudo acadêmico não significava nada para mim. E quer saber o que mudou? O meu *mindset*, ou seja, a minha atitude mental. Mesmo na condição de um ser humano manco pela deficiência auditiva, nada me parou.

Entendendo as pessoas

Entender as atitudes das pessoas requer muito esforço e isto gerou grande desgaste da minha consciência, visto que estas são voláteis e as pessoas sabem disfarçar os seus desejos mais ocultos. Um enigma que nem o próprio Hércules (personagem mitológico) em seu apogeu no monte Olimpo conseguiria decifrar. A minha ingenuidade era presente e meus olhos ainda não enxergavam a maldade humana no meu infantil início. Não entendia o significado da minha aparição, onde estava e muito menos o que acontecia em meu entorno.

Não há como pegar atalhos na infância, somos ainda suscetíveis aos níveis de amadurecimento que proporciona o desenvolvimento da consciência, seja para o lado bom ou para o lado ruim. Na adolescência inicia-se o desabrochar do verdadeiro caráter, e conforme a criação que o indivíduo recebe dos pais, pode se tornar um ser com ou sem empatia. E essa fase permitiu-me ter noção sobre mim, sobre o outro e a respeito do mundo que nos cerca, com seus complexos devaneios. A partir dessa habilidade recém--criada, treinei a percepção e a visão para visualizar as áreas que me circundavam a ponto de começar a entender o que as pessoas expressavam quando me olhavam ou se comunicavam.

O fascínio por aprender e entender o que as pessoas manifestavam levou-me a ser um especialista em comunicação corporal. Mesmo sem estudar as técnicas desta comunicação, consegui adquirir tal feito. Vivenciar algo na vida nos proporciona autoridade no assunto. O nosso corpo se comunica e pode dizer muito sobre nós, o que a boca não diz o corpo fala. E onde fica a alma? A alma é o príncipio vital. Ela é intrigante, cheia de mistérios e angústias, como alegrias e esperanças. Devemos ter cuidado para não a contaminar, exercendo o livre arbítrio sem princípios coerentes.

Ao ver uma alma humana, observe as suas lágrimas invisíveis a olho nu e os seus sorrisos opacos que brilham mais que o sol ao meio-dia. Porém as expressões corporais jamais irão esconder o que há dentro do âmago de um ser humano. Ele pode disfarçar bem as suas atitudes, mas não pode disfarçar o brilho de seus olhos, o movimento de seus lábios, o seu caminhar. Podemos perceber o seu estado no cumprimento de suas mãos, no desvio de seu olhar e na essência do seu ser, sua aura espiritual, seu ser e existir.

Todas as pessoas são providas do senso de atenção, ou seja, a concentração da atividade mental sobre uma situação e um objeto determinado. A minha atenção está direcionada especialmente para três aspectos: a minha fala, a fala da outra pessoa e o jeito que ela reage a cada fala minha (quais são os movimentos e a fisionomia). Prestar atenção a esses aspectos se transformou em um *hobby* para mim, por que descubro o mundo através deles e porque acho os seres humanos fascinantes.

O meu entendimento com as pessoas não é tão simples, pois, além de serem marcadas pelo fascínio, são marcadas pelo disfarce, pelo "pensar" ser diferente do "falar". Posso perceber isto em seus olhos que sinalizam o mais comum dos sinais: ele é diferente. A minha percepção cautelosa sobre cada ser humano não é baseada no julgamento nem na hipocrisia, mas na linguagem corporal. Como dizia Sigmund Freud: *"Nenhum ser humano é capaz de esconder um segredo. Se a boca se cala, falam as pontas dos dedos"*.

Olhos que escutam não são um dom nem uma habilidade treinada, mas uma alma humana que enxerga outra alma sem ouvir suas falácias fantasiosas que interrompem a razão. É ver além do que as pessoas dizem, perceber o que poderiam dizer sem mesmo ter verbalizado nenhuma palavra.

As intempéries da comunicação humana já estavam previstas para acontecer no dia em que fui concebido nesse mundo gélido e frio para ser um agente fervoroso no papel imposto pelo Divino, fazendo de tal mundo o melhor cenário para um ser humano resiliente que se comprometeu a descobrir o porquê e o para quê dos excessos da atrocidade, da intolerância e do *bullying* que se infiltraram nas áreas mais carentes da fragilizada mente humana.

Por intermédio das multirrelações que obtive ao longo do trajeto como ser humano, foi-me permitido dominar de um jeito ou de outro a deficiência auditiva severa. Deste modo, posso afirmar que o melhor é virar a chave para o lado positivo. Em vez de crescer revoltado, devemos crescer em graça. Em vez de escutar os problemas, olhar através deles. Uma mente inviolável pelas influências externas jamais será regredida a um nocivo estado mental. A deficiência não pode e não deve ser algo que nos impeça de conquistar o nosso verdadeiro espaço. E se você não tem nenhuma deficiência, pelo amor de Deus, tome consciência e veja que já é melhor do que eu, só precisa pegar pulso, pois o que vai lhe impedir de seguir é o que você pensa de si mesmo.

Existe um Deus que tudo sabe e Ele é superior a tudo e a todos. Graças a Este meu bom Deus, o impossível é possível para mim. Esse é o Deus dos meus pais que se tornou o meu. Vai além da consciência humana a quantidade de vezes que fui resgatado pela misericórdia dEle. A deficiência não era nada para Ele, já que Ele a via como uma chance de tornar-me uma pessoa melhor em condições dificilmente benevolentes.

Surdo para o mundo, mas forte para a vida. A habilidade que adquiri fez-me transcender a mentalidade resiliente. Esta é a maior façanha que um ser humano pode implementar nos tempos difíceis, sem mergulhar a cabeça em buracos escuros como avestruzes.

Havia choro e ranger de dentes diante da formosa vida, só que não era o inferno, era a humanidade treinando para abraçar o fogo eterno. Não é assim que deve ser, pode haver lágrimas, desesperos e incertezas, mas quando tomamos consciência de que somos falhos e imperfeitos perante a face de Deus, somos capacitados a realizar de modo árduo o mais prazeroso trabalho de construção interior.

Nos tempos imemoriais da minha infância, meus queridos pais me mandavam ir às lanchonetes para falar com as garçonetes a fim de pedir algum lanche ou ordenavam-me (pais têm autoridade sobre os filhos, façam com que seus filhos tenham ciência disso para terem uma vida íntegra) ir a algum lugar para comprar algo. A sensação do medo, a espinha gelando e os pensamentos acelerados eram comuns nesses desafios. Sentia medo das pessoas com quem iria falar, medo de não entenderem cada palavra que dizia, de ser olhado e tratado de maneira diferente. Era Davi contra Golias. Cada contato era um gigante a vencer dentro de mim, uma corrente a ser quebrada e um passo dado para frente ao mundo livre.

A minha alma e o meu corpo doíam, mas era esta a minha missão, enfrentar a dor assim como um diamante que é criado sob muita pressão, e não sendo alisado. A vida não poupa NINGUÉM.

"A grande arte é mudar durante a batalha. Ai do general que vai para o combate com um esquema", já nos dizia Napoleão Bonaparte. Nós mudamos quando somos submetidos às batalhas da vida. Os medos? As inseguranças? Os frenesis? É natural que ocorram.

Valeu a pena? Sim. Deixe-me apresentar novamente:

Deficiente auditivo bilateral, com perda severa e profunda, ainda treinando a fala (sempre há como melhorar a fala). Faço questão de mais uma vez destacar a importância dos pais no processo, eles são os precursores para estimular o protagonismo dos filhos.

Não ouso dizer o que está visível no seio familiar quando ambas as partes que se autointitulam casal concebem um filho deficiente e veem o preço que irão pagar, o sangue que irão jorrar e a fé que irão exercer arduamente. Quando os pais se prostram diante desse desafio, começam a dar a largada para os desentendimentos, as culpas, as mágoas, as inseguranças, não porque o filho nasceu deficiente, mas sim por não saber como irão transformá-lo num ser humano consciente de si. A missão irá demandar muito trabalho, esforço, foco, investimento, renúncia e dedicação.

Os sentidos do corpo humano possuem suas habilidades, que precisam ser treinadas para terem consciência do ganho vantajoso e eficiente que traz a rigorosa batalha do crescimento e aprimoramento. A educação é o berço para a melhor criação e o sucesso financeiro no lar não justifica o fracasso no caráter dos filhos.

Tempo, esforço, recursos financeiros e particularmente amor e dedicação são essenciais para fazer dos filhos os melhores quadros jamais pintados por Pablo Picasso. Pena que alguns pais não conseguem perceber, porque estão ocupados pensando nos problemas que terão e não na alegria, temperança e sastifação. Estes desistem e roubam de seus filhos e deles a oportunidade de vivenciarem juntos, desde o sol nascente ao poente, a doce amarga experiência, marcando a cada novo dia o início de um novo ciclo.

"Do nascente ao poente, seja louvado o nome do Senhor!"
-Salmos 113:3-

Os surdos são pessoas normais, apenas vieram ao mundo como seres humanos que não ouvem as mentiras, mas veem as verdades ocultas. Num mundo onde as pessoas se desesperam por diversos motivos, até as ocorrências fáceis e fúteis dominam a cena de terror e se precipitam num verdadeiro abismo. O desafio surge também diante dos diferentes tipos de deficiência, e para nós o desespero é real e gigantesco, mesmo que a lei esteja a nosso favor, a humanidade não está. É só olhar algumas empresas, os diálogos dos seus gestores de RH e suas conspirações em tentar contratar os menos deficientes possíveis e abrir ofertas de vagas com menor relevância para a pessoa com deficiência. Por vezes não há um plano de carreira, só se ocupa um espaço na ambiência empresarial, expressando um ato de caridade, e não uma inclusão social.

Graças a Deus vivemos na era do empreendedorismo, e ai daqueles que não ousam usufruir dos talentos natos que um deficiente auditivo pode deter, perdem a oportunidade de resolver questões que um deficiente visual pode ouvir profundamente e entender para solucionar.

Vivo, estudo e trabalho inserindo-me no quadro de normalidade do consenso, mesmo sendo diferente. Mas para chegar a isso tive um preço a pagar, e não foi barato. A diferença pode estar em fazer a diferença quando assumimos a diferença e fazemos a diferença.

A limitação dos filhos é criada através da mentalidade dos seus pais, visto que em diversos lares eles são autoritários e se apresentam capacitados a limitá-los como seus carcereiros, impedindo desenvolver o seu potencial e as suas habilidades, assim como também existem uns poucos que os vão estimular para que abram as plumagens e batam no ar para irem bem mais longe do que pensavam que iriam.

O limite é psicossocial (relação entre o convívio social do ponto de vista da psicologia). É saber que a vida é fácil para aqueles que fazem escolhas difíceis e difícil para aqueles que fazem escolhas fáceis. O caminho não é fácil, porém é possível, mas caso queira obedecer à limitação do alfabeto que a diminuta sociedade nos ensina, não seremos sonhadores, mas repetidores daqueles que não sabem o dialeto da vida.

O impossível é uma questão de tempo, e o tempo nunca será clemente com um ser humano. Ele desperta a cólera, a impaciência e a ansiedade. E são os vilões que escrevem o roteiro para o deficiente protagonista, nos piores momentos.

Os valores que os pais passam para os filhos deverão ser perceptíveis e não podem ser inaudíveis, uma vez que os herdeiros são suspeitos de ser marionetes no circo. Não deixe seu legado ser oco e incolor, matenha-o vivo e em movimento.

Entender as pessoas deficientes é adentrar as apreciáveis portas da humanidade e enxergar visceralmente com olhos compassivos e escuta dedicada a voz do grito daqueles que são cruelmente excluídos. Aos pais lhes é oferecida uma incrível missão que possibilita a compreensão do desafio no qual foram inseridos, como o de estar em um voo turbulento sem máscara de oxigênio. Poderão ver o propósito em sua inquietude e por meio do entendimento não se sabotarão.

A limitação dos pais limita os filhos. Assim como a filantropia ajuda os necessitados, os pais precisam ser filantropos com os seus filhos sem se preocuparem com a superficial aparência, pois o julgamento acontecerá e os filhos precisam encontrar forças no seio da família no enfrentamento da hostilidade social.

É deveras importante que os progenitores ultrapassem o luto de terem uma criança deficiente e parem de acreditar em mentiras confortáveis. Devem olhar no espelho dos olhos de seu filho, numa pacificação interior. É um exercício que se faz necessário para confrontar as verdades mais atrozes.

O desfecho da história só será conhecido quando os semeadores semearem em solos férteis e frutíferos. Ao retirarem as ervas daninhas e ao estabelecerem ações que protegerão as suas plantações do ataque dos corvos. Assim sendo, potencializarão os seus ascendentes internos, despertando a sua força interior de empoderamento ao quebrar das correntes do preconceito. Essa é a realidade.

A maior limitação está no olhar dos pais sobre os seus filhos.

Pais, aceitem que as intempéries vieram para lhes (des)constuir e (re)construir, revivam e materializem os sonhos adormecidos dos seus filhos, não se limitem, trabalhem, porque há alguém fazendo, não importa como, mas há uma grata recompensa logo ali na frente. A fé e a esperança no Deus Vivo exercitada no ato de amor por meio da doação contínua, sem se lamentar pelo que aconteceu.

O pesadelo não é real, a maneira que você pensa torna-o real, então não interrompa uma vida livre somente porque seu filho não chegou da forma que esperava; pelo contrário, pense que surgiu algo que formará seu intelecto como um ser humano consciente e não como um paciente em coma no estado terminal.

Vejo os passos das pessoas, seus olhares apreensivos e suas atitudes inconformadas diante da realidade. Já vi casamentos acabarem por estupidez e insensatez. Não é raro a autodestruição dos pais em suas relações matrimoniais, para se lançarem na busca de uma solução para um problema intangível: quem é o culpado de conceber um filho deficiente?

O Dr. Alex Alves clarifica em seu trabalho que os pais de PcD entram num processo doloroso de automutilação psíquica, destroem o seu *"EU"* com a dor de suas experiências que culmina, em muitos casos, em adoecimento psicossomático (uma doença, física ou não, que tem seu princípio na mente). Quando não se resolve a dor emocional, ela torna-se uma dor física e dilacera as relações, o profissional e o social. O casamento ruma ao seu estado de fragmentação.

As vias do corpo dos pais alargam-se quando eles jogam lixo, com reações externas e internas, nos bueiros mentais, causando o entupimento trágico de suas consciências humanas. Os pais tornam-se débeis em suas decisões rotineiras. Eles não faxinam a sua mente por terem preguiça ou por desconhecimento e, assim, a culpa, o ressentimento, o rancor, a mágoa, a amargura e a culpa surgem. Dentro da amargura se unem para destruírem um laço que antes era criado por amor, mas que sucumbiu à mais profunda das dores. Perderam o sentido da vida por conta de suas frágeis emoções. Despediram-se da luta sem lutar. São fugitivos com um único propósito, a condenação da sua psique, por não aguentarem a verdade de cumprirem a tarefa como pai ou mãe num esforço de oferecerem a sua melhor criação.

A ruptura relacional dos pais acende a chama do sofrimento iminente dos filhos que vieram ao mundo para receber a harmonia da família, não para gerar a desintegração. Um lar desfeito não melhora a situação, mas viola as leis naturais da criação, fazendo com que a PcD (pessoa com deficiência) não tenha uma vida tênue, pois será privada emocionalmente por não ter seus pais ao seu lado.

A união de meus pais foi mais do que fundamental para o triunfo da minha educação. Eles tornaram-se um na criação da minha irmã e na minha. Tornaram-se a democracia onde poderia haver anarquia, conseguiram governar suas próprias dores e a transformaram no mais sublime ensino.

A exigência que meus pais, vulgo espartanos, fizeram foi apenas uma: que eu não fosse tratado como deficiente, mas como alguém que carrega em si o DNA extra da eficiência extraída da deficiência, tal como a síndrome de Down carrega um cromossomo extra. Meus pais extraíram mais amor.

Faço diferença sendo a diferença e sei que as pessoas me criticarão, mas é assim que funciona para subir os degraus e, quando chegar lá em cima, as mesmas pessoas me aplaudirão. *Oh, humanidade tola que não sabe o significado da meritocracia.*

Nas zonas da minha infância, nas terras ermas da preguiça, fui incentivado explosivamente nos lugares que acalentavam a minha presença, como os esportes e as salas de aula, lugares imprescindíveis ao treinamento do consciente e do subconsciente. Tinha uma missão, romper com os paradigmas da minha vida, apesar de muitas pessoas acreditarem, devido às suas crenças limitantes, que eu não poderia. Em hipótese alguma devemos aceitar a derrota como a opção final. O pensamento do outro não lhe define.

Podemos até fracassar, podemos choramingar, bater na parede, acordar os vizinhos, mas não podemos nos manter no chão.

Ai de você se tivesse sido filho do Dr. Alex Alves, só a misericórdia.

Esclareço que houve momentos em que eu caía, tanto é que o chão ficava limpo com a minha camisa passando nele, mas tinha que colocar na cabeça que não podia olhar o céu do chão e tive que levantar para ver a mais bela das vistas — o horizonte infinito do futuro e as conquistas tão belas quanto o alvorecer.

Na luta da vida, caia de pé, finque seus pés, treine a panturrilha, se for necessário.

A torcida de uma final da Copa do Mundo não se iguala à torcida de meus pais, vibrante e fascinante. Nem mesmo Pelé em seu auge ou até Messi e Cristiano Ronaldo em suas épocas de ouro conseguiriam presenciar esse feito. A alma deles queimava a cada palavra dita e a cada olhar visto.

Um ser humano não trilha um caminho solitário, ele sobe os degraus com apoio. A escada são as mãos erguendo os seus pés. Meus pais foram os pioneiros. As fonoaudiólogas e os professores fizeram-me avançar para desequilibrar o jogo da vida. Não seria mais um *End Game*, mas sim o *Play Again*.

Para ser um vencedor é preciso saber vencer a dor. Parece uma expressão simples, mas ela é poderosa e complexa. Seu fundamento é forte.

O exercício de sobrevivência foi a forja da minha alma durante as nevascas violentas que me serviram como o estopim para a minha impendente morte, para a ruína da minha sanidade mental nos tempos da minha infância. Sobrevivi com alguns arranhões e cicatrizes; afinal, ninguém nasce com um manual de instrução, nós nos tornamos um.

A Bíblia é clara nesse sentido. Em Provérbios *22:6* diz: "*Educa a criança no caminho em que deve andar; e até quando envelhecer não se desviará dele*". Isso esclarece como a educação deveria ser, já que a Bíblia é o Livro da Vida. Nela estão contidas as nossas falhas e as nossas correções. Porém, na maioria das vezes, não damos importância às suas palavras, certamente não no mesmo nível em que pegamos o celular.

A sociedade sempre foi um ambiente hostil com diversas faunas, floras e biomas, cada um com sua característica própria e suas intempéries. Sobreviver é a ordem primária de cada dia.

A forja localizada no mais alto pico da dor humana, onde a balbúrdia social faz festa às portas da resiliência, moldou os mecanismos que me levaram a descobrir quem eu era. Trabalhei o meu potencial e as minhas habilidades para melhorar a visão e poder entender o que os outros são, compreendendo o porquê de serem o que são, formulando a permissão de exercer a sobrevivência para que o rancor e a mágoa fossem apenas rascunhos de um início de uma obra-prima.

O chamado Deus, Senhor dos Exércitos, vê o que cada célula faz em nosso corpo, vê quantos neurônios são perdidos e quantos são criados. Ele vê o que nós fazemos em vida. Será que nós O vemos? O vemos no sentido de entender que todas as atribulações, aflições e desavenças não foram para nos destruir, mas para nos possibilitar que nos levantássemos a cada queda, para sorrirmos a cada lágrima e sermos melhores no hoje do que no dia anterior.

"Não te mandei eu? Esforça-te, e tem bom ânimo; não temas, nem te espantes; porque o Senhor teu Deus é contigo, por onde quer que andares."
-Josué 1:9-

Tenho certeza, Ele ajuda e muito. Não duvide, sinta. Não ouça, veja o que não está visível. Não veja, ouça o inaudível. A fé é interessante.

A filosofia e a sociologia são ambas áreas essenciais ao amadurecimento humano, porque as mesmas abrangem várias doutrinas para que cheguemos à verdade. Esses dois saberes, desde que surgiram, nos ajudaram a perceber que não havia nenhum pássaro na gaiola, visto que a gaiola tinha uma fresta e o pássaro, inconformado, decidiu vê-la e descobriu que podia sair e voar. Os ensinamentos ampliam a consciência para o mundo livre e nos conduzem à seguinte reflexão: *"O que posso aprender com isso?"*.

As tempestades de areia passam, as chuvas ameaçadoras cessam e quem era no mundo a caça virou caçador. O que a vida tem colocado diante de você e o que você tem feito para ela?

As pessoas usam óculos para enxergarem mais de longe ou de perto, devemos ser preponderantes ao olharmos os problemas e assim enxergarmos mais perto as oportunidades que cedo ou tarde ilustrarão um novo limite para que ousemos voar no céu azul onde não há quase ninguém, aproveite!

Um breve relato de uma circunstância etérea, o meu voo de asa-delta na Pedra da Gávea, no Rio de Janeiro, o terceiro integrante da família a entrar no *Esquadrão Águia*. A minha família descobriu que nos céus não há quem encha o saco, há apenas um ponto efêmero, a possibilidade de ascender nas asas da fé, tirando o fardo dos ombros. Nos rostos existe a brisa natural que permeia os seus traços, renovando a saúde mental. O medo e o receio já não existem mais.

Quando o piloto deu o sinal para partir, corremos até o fim da plataforma e pulamos. Quando já estávamos em pleno ar, a primeira coisa que me veio à mente foi: *"Começou!"*.

Começou a certeza de que toda a humanidade pode a qualquer momento ver o que eu vi, sentir o que senti, e não há nada mais belo e harmonioso do que ver com as minhas asas o lindo verde que tem na Pedra da Gávea em São Conrado. A melhor criação de Deus somos nós, mas sem a nossa verdadeira essência.

É normal ter medo, mas não é normal escolher o medo. Não se engane, as consequências são reais, mas o medo é baseado em uma escolha. Se escolheres o medo, não serás um dos tais. Vais com medo mesmo. Acima das tempestades o sol sempre brilha para aqueles que ousam o seu direito de servir a si e ao Divino.

Jamais questione a Deus sobre o porquê de passar por isso ou aquilo, questione a si mesmo, afinal você está se submetendo à própria sabotagem. Então sepergunte e use da razão para desvendar que o APRENDER acontece a qualquer instante. Não se ressinta, porque não é do jeito que quer, mas do jeito que Deus quer. A única diferença é que Ele quer seus filhos no caminho certo e, para isso, o vaso tem que ser quebrado e moldado. Ame ser quebrado, ame ser desafiado e cresça na adversidade, divorcie-se da amargura, ela nunca lhe deu valor.

Entender as pessoas só foi possível após ficar calado nos cantinhos lendo seus lábios, vendo suas atitudes e as suas reações, e a ver, ouvir, tocar, cheirar e provar os mistérios do mundo. Através da deficiência auditiva, passei a perceber o que as pessoas realmente eram, só que não percebiam que eu percebia. Os medos, os anseios, as mentiras, as verdades, as angústias, as ansiedades, eram como um divertido quebra-cabeça para a minha presença e o meu desenvolvimento como um ser humano consciente, crescendo de dentro para fora.

A deficiência cria um mundo onde existem apenas duas opções: seguir queixando-se da vida e procurando culpados ou fazer algo para mudá-la buscando soluções.

A grandeza está em si, não no outro, mas o outro pode diminuir a sua grandeza se você assim o permitir.

Metanoia

A mudança verdadeira de pensamento ou ideia é conhecida como metanoia. Ela é benéfica e eficiente. Ela causa dor e ao mesmo tempo traz entedimento e paz. Faz-nos chorar e sorrir. Proporciona disciplina e gera motivação, além de nos manter em pé nas fases mais dramáticas da nossa história. Essas fases são ingenuamente chamadas de "é a vida", devido à crença limitante que as pessoas adquirem ao longo da sua existência.

Nada pode ser feito e nada funciona se for feito de qualquer jeito. Vou citar exemplos.

Você não consegue manter a rotina de estudo, academia e trabalho sem uma organização eficiente. Para ter disciplina é necessário ter conhecimento, pois a boa saúde e a organização financeira estão aliadas à construção de um ser humano.

Se você cozinhar de qualquer jeito, é possível que ninguém goste da sua comida. Mesmo as pessoas que não sabem cozinhar e que se aventuram na produção de um lanche precisam colocar amor no que fazem. Isto fará com que a pessoa que comerá o lanche goste e ache delicioso pelo tempero do carinho.

Se você trabalhar de qualquer jeito, certamente não apresentará um bom resultado e é possível que cave a sua própria demissão. Por exemplo, você prepara uma tabela com os dados financeiros da empresa sem atenção e com erros. O gestor certamente perceberá e você no mínimo será chamado à atenção.

Quando você faz tudo para executar bem alguma coisa, é porque você tem disciplina, mas o triste é que a usamos bem pouco, porque amamos a facilidade por desleixo ou preguiça.

A mente é o estado de consciência que, de acordo com os especialistas em neurociência, tem muito poder, e a usamos abaixo da capacidade que possuímos. É incrível o quanto a humanidade avançou e inovou, entretanto mantém baixa capacidade de desenvolvimento mental e emocional, isto levando em consideração a maioria da população. Agora imagine se mantivéssemos uma capacidade média? Seríamos excelentes na maioria dos nossos feitos.

Não seja mais "UM ou UMA", seja "O ou A". A pessoa que se destaca dos demais pelo talento, força de vontade e garra, porque o mundo está doido para te pegar e te transformar em um Zé Ninguém. Faça da sua dificuldade a sua motivação, mas lembre-se de usar a disciplina para que continue fazendo o melhor todos os dias. As minhas fraquezas e limitações são inúmeras e se renovam a cada meia-noite. Os erros ensinaram-me a buscar a conscientização, afiando as habilidades do entendimento e gerando compreensão sobre a humanidade.

Mas não é tão simples ter disciplina e força de vontade, visto que é necessário ter paciência, e para isto necessitamos ter consciência do benefício que a paciência nos proporciona. Somos colocados à prova diariamente, seja no engarrafamento do trânsito, esperando em uma fila, sendo mal atendido em algum local, vivenciando a intolerância. Sempre aconteceram situações desagradáveis e se você não tiver controle sobre si, se não tiver paciência, fará dos cinco minutos de caos uma tempestade e destruirá os restantes minutos do seu dia.

Inflamar mais ainda a lenha fará com que você e o outro sejam queimados.

Não subestime os seus erros, eles são professores severos. Não são gentis para dar a nota que você precisa para passar, ou você se esforça e passa ou será reprovado. Infelizmente é assim. Não adianta você ser gentil, pois o que eles querem é ver você tornar o seu dia bom. Não adianta "levar uma maçã", querem ver você trabalhando para seu sustento honestamente. Não adianta "acariciar a cabecinha" deles, querem ver você se autocriticando e conhecendo mais de si. Olhe primeiro para dentro de si e depois olhe para fora, pois há dentro de você a verdade e ela será mostrada externamente.

Também precisamos ter cuidado com os vícios. E sabe o que é mais viciante? As desculpas. Damos desculpas por isso ou por aquilo. Desculpas estas que reinam sobre as justificativas dos erros. E por mais que aprenda a respeito, parece não entrar na cabeça. Porém é necessário entender que ninguém pode responder por nós, e usar desculpas como argumentos é como o caminhar de um boi indo para o matadouro. A nossa melhor versão está em reconhecer as falhas e tirar delas orientações para a melhoria da mente, se não lascou!

Por muito tempo usei a deficiência como desculpa para os problemas que apareciam e isso criou um hábito ruim em mim, prendendo-me em um ciclo vicioso. Para qualquer problema que aparecesse a desculpa era: *"A culpa está em ser surdo"*. Cada ação tem uma reação, e quando dizia esta frase ativava a correção severa da minha doce mãe, que dia após dia me respondia: *"Pare de colocar culpa na sua surdez, você é surdo, não um alienado mental, seja homem"*. Em alto e bom som, usando o aparelho auditivo, dava para escutar o rugido dessa mulher.

Para conseguir mudar algo que já estava enraizado, tirar as fortes raízes fincadas no meu solo mental, a única solução era mudar a forma como pensava.

Os piores monstros estão na mente humana e eles alimentam-se dos nossos medos, inseguranças, sentimentos de menos-valia, de inferioridade, da baixa autoestima. Oferecemos de bandeja a nossa saúde mental para sentimentos e emoções destrutivos.

Ratifico que não é tão simples controlar a mente humana, mas também não é tão complexo conhecer mais de si, enxergar seus monstros interiores e estudá-los para não mais alimentá-los e assim morrerem de fome, impedindo o crescimento.

Não tem fórmula mágica que os faça desaparecer, porque nunca irão, eles estarão lá dentro de nós, mas podemos tirar as suas forças, deixando-os murchar.

As situações desafiadoras acontecem cedo ou tarde e, enquanto estão acontecendo, precisamos ser aprendizes do caminho estreito da mente e do coração de Cristo. Ele conhece as armadilhas mentais e, quando precisou, manteve a postura firme e consciente perante os algozes nos tempos mais avassaladores da sua existência. A lição que Cristo me ensinou levou-me a entender que as emoções são inflamáveis, mas a mente é o extintor que as apaga, assim como Jesus fez em sua época de sofrimento com os fariseus, os saduceus, os discípulos e o povo de Israel.

O interessante é que Cristo não sentiu em si um sofrimento agonizante, mas o entendimento sobre o momento da humanidade por meio do seu puro amor, que o levou a perdoar os atos violentos e injustos da humanidade. Ele decidiu guardar no seu espírito, puro e alvo como a neve, todas as cóleras violentas que se alastravam nos cinco continentes; não dominaram a sua alma e não o afastaram de seu propósito. E permaneceu fiel à sua missão sem que sentisse o fardo do peso.

O único ser humano que podia escolher o medo não ouviu as canções carnais daqueles que estavam ao seu lado e cantavam contra Ele. Não existiu para a inércia, mas para movimentar a sua fé e graça, tornando-se a mesma carne eivada de vícios, assim como nós humanos, e venceu.

O medo deve ser substituído por outras coisas, somente assim ele é vencido. No meu caso, falar com as pessoas me gerava um grande e natural medo, só que não dava para continuar assim e, mesmo não sabendo como, calcei os sapatos da persistência e fui. Deu certo? Graças a Deus. Foi péssimo? Foi difícil, mas dou glória a Deus por mais um aprendizado para melhorar a minha capacidade de falar.

É difícil ter consciência nas situações estressantes, mas nosso amigo, Aquele que atende por Cristo, teve esta consciência. Então, por que não podemos ter?

Você é o que pensa e sente. Se não tiver consciência de si, será apenas uma marionete controlada pelas falácias dos outros.

A atitude é uma ferramenta quase extinta nesses tempos em que vivemos, porque delegamos os problemas para as outras pessoas, em vez de adotarmos a clareza da consciência para resolvê-los. Não confunda delegar com pedir ajuda. Quando algo é delegado, você não quer resolver, quer que o outro faça por você, não quer encarar o estresse e a dor e assim tenta doar para outrem. Você acha isso certo?

Precisamos ter atitude para fazer acontecer, e tal norma de conduta é movida pelo nosso pensamento, que nasce em nossa mente. O que pensamos produz emoções e sentimentos, e como nos sentimos expressamos em nosso comportamento e na forma de nos comunicar. O que devemos mudar? O pensamento.

Por meio dos pensamentos ascendemos aos mais graciosos dos sentimentos, como também aos mais trevosos, por isso devemos controlar o que pensamos. Gastar as nossas horas finitas de vida com bons pensamentos e sentimentos é fundamental para nos enriquecer mentalmente, deixando os monstros interiores na sarjeta.

O pior dos monstros que eu alimentava no café da manhã, no almoço e no jantar, com o melhor dos alimentos banhados a temperos saborosos, chamava-se *"menos-valia"*, ou seja, sentimento de autodepreciação. Assim como Atlas, titã condenado por Zeus na mitologia grega, que carregava o mundo nas costas, eu cobrava demais de mim, queria ser reconhecido mesmo em minha deficiência. Atlas queria o poder supremo e, descoberto, foi punido e condenado.

Os monstros, em sua grande maioria, são raquíticos e não têm força alguma. Como disse anteriormente, os alimentamos e os tornamos fortes e invencíveis. Onde deveria haver alegria haverá tristeza, onde deveria haver esperança haverá desespero, onde deveria haver amor haverá ódio. Não alimente quem pode matar os seus sonhos.

Em tempos remotos, fui um ilustre leitor de gibis e estes me ajudaram a formular os pensamentos e aprender um vasto vocabulário. Os gibis ensinaram-me uma variedade de valores que criaram raízes na minha essência e auxiliaram no meu crescimento. Os dois mil gibis infantis deram início à formação do meu intelecto. E foi bom, percebo hoje algo que está rumando ao delírio na maioria dos lares. Pais presenteiam seus filhos com *smartphones* Android ou iPhone, *tablet* ou Tv, proporcionando um crescimento infértil, oco e putrefeito. Se nascesse hoje, poderia ser levado ao iminente fracasso, porque o consumo de tecnologia na fase infantil não me traria uma mente saudável; pelo contrário, estaria sujeito a uma mente perturbada, atormentada e angustiada. Processos existem para serem cumpridos, não transpostos. Uma mente que despreza a leitura despreza a vida.

Uma mente que despreza a correção despreza o triunfo. Quem triunfa sem saber o alfabeto da vida triunfa sem saber quem é.

A consciência humana ainda não está no auge do desenvolvimento psíquico, porque grande parte da população sofre incessantemente com informações diferentes de situações heterogêneas e não precisa ter diploma em psicologia para ver o que está visível, porque as ações humanas deturpam suas decisões, culminando no sufocamento asfixiante das suas mentes. Criou-se o ilusório de forma coordenada e a pseudofilantropia humana criou o desespero em uma zona ímpar, a mente livre.

Muitos indivíduos têm a fantasia de adentrar o labirinto. Mas, quando estão contra a parede, debatem-se como os pobres animais em uma rinha de galos. Enraivecidos, buscam uma saída, mas não conseguem, daí pensam que a melhor solução é continuar fazendo tempestade em copo d'água, formando temporais de preocupações e sensações de que nada está certo. O portal para o cativeiro emocional abriu-se. O adoecimento físico, social e espiritual já está em curso.

O que as pessoas fazem? E isso vale para qualquer pessoa, não importa se tem ou não a deficiência, todos somos seres humanos, lutamos as batalhas sozinhos, mas não as vencemos sem auxílio. E assim como há doenças no corpo físico, há doenças na mente psíquica, pois esta precisa ser dosada, e a educação exemplar deveria ocorrer no lar, o berço da criação, as escolas atuais sofrem por receberem alunos de lares desestruturados. Devemos ter consciência de que a mente humana é formada por registros vivenciados no consciente e subconsciente e ai daquele que não tiver ciência de suas quimeras, que espreitam os mais frágeis solos mentais.

"Deus é o nosso refúgio e a nossa fortaleza, auxílio sempre presente na adversidade."

-Salmos 46:1-

As tragédias que acalentam o seio da nossa vida acontecem por conta do nosso desconhecimento do autêntico poder de Deus, que desde o início já sabe o fim dos nossos livros carnais. Desconhecemos a face do intitulado Yeshua nos tempos de regozijo e clamamos a sua presença para nos livrar em tempos de martírio. A deficiência poderia muito bem ser a progenitora do meu sofrimento, mas senti a consciência e o entendimento do porquê Deus presenteou-me com ambas as cócleas danificadas. Enquanto há outros colecionando culpas e duvidando de Deus, há aqueles que sabem o significado do murmúrio e as consequências.

Os contornos abomináveis do medo estão permeabilizados em cada ser humano, a exclusividade do medo pertence àquele cujo talento é ser marionete do covarde ventríloquo. Quanto mais o foco está centralizado no medo, mais os movimentos e os fios da marionete tornam-se *experts* pelas mãos ensanguentadas do astuto ventríloquo. Você morre gradativamente enquanto ainda está vivo. E onde os mortos estão não há sequer um vivo para adorar ao Divino por ter-lhe dado as emoções e as razões, o coração e a mente. *Você é um dos mortos-vivos?*

"De todos os lados somos pressionados, mas não desanimados; ficamos perplexos, mas não desesperados; somos perseguidos, mas não abandonados; abatidos, mas não destruídos."
-2 Coríntios 4:8-9-

Tudo o que você é foi dado por Deus. Ele lhe fez a melhor criação, uma imagem feita à semelhança dEle, por que não enxergamos isso com clareza? É de comum entendimento que somos falhos e imperfeitos, pecadores natos, mas ainda somos a melhor criação dEle. O problema é que mudar é sinônimo de dor e antônimo de sofrimento, e o ser humano prefere fugir da dor de crescer e evoluir.

A lagarta sabe da sua mudança e se prepara para achar um lugar onde poderá produzir e desenvolver o seu casulo e, assim, se transformar. Por meio da dor da transformação, cria asas, eclode do casulo e sai bela e voa.

A lagarta conscientemente sabe o que deve ser feito, não inventa desculpas para deixar de o fazer, não cria resistência ao ser transformada e não conta com nenhuma ajuda para a sua batalha interior, visto que se alguém tocar ou abrir o seu casulo a fim de libertar as suas asas, ela eventualmente irá morrer, pois não saberá como voar, pois precisa dos líquidos produzidos durante o processo de metamorfose para se preparar para a nova fase da sua vida. Não se engane, pedir ajuda para VENCER uma batalha que é SUA é diferente de pedir ajuda sobre COMO vencer. Você pode procurar saber como alguém conseguiu sair dos momentos conflituosos, mas no fim quem decide e faz é você. Assim como a estratégia de uma empresa não vai funcionar com a outra, pois ambas são organizações diferentes que requerem estratégias diferentes, ninguém pode vencer por você.

O campeão da vida está ocupado demais para se viciar no fracasso, no dissabor da derrota e nas desculpas fúteis. Está ocupado tentando descobrir como não ser contaminado pelas emoções asfixiantes, pois sabe que quando o corpo é o hospedeiro para o patógeno letal, a emoção, não há antídoto que impeça o que já está consumido, porque a consciência fica cega e a razão é mutilada. Deste modo, só vai retornar ao seu estado normal quando perceber que cometeu a pior das decisões.

Em uma simples frase: *"Um bêbado tentando ficar sóbrio"*.

As intempéries que trovejaram durante a minha cálida infância foram determinantes para ativar-me a metanoia, uma mudança sólida na mente, que por muito tempo esteve amargurada pela deficiência, pois não aceitava e não admitia ter vindo ao mundo para fazer a diferença. Assim como eu, existem outras pessoas no Oriente e no Ocidente fazendo o que podem para que talvez a humanidade crie um novo nível de consciência.

Até que a expressão faz sentido: *"Um dia da caça, outro do caçador"*. Precisamos parar de tornar-nos a presa favorita do nosso maior inimigo, nós mesmos. Parar de servir elegantemente o saboroso e irresistível prato, a nossa saúde mental, fazendo com que o predador não poupe salivas e o devore, ganhando mais força e desabilitando o nosso bem-estar. Não devemos ser apáticos, como um avestruz que se esconde, não podemos ignorar os problemas que nos afligem, precisamos fazer parte da Tribo de Leões. *Ruja*.

A deficiência, em seu regime de flagelação, me levou a tornar-me um agente ativo das piores criações mentais, corrompendo o último lugar que deveria ser seguro, a minha mente. Só que a execução iminente foi suspensa pela intervenção dos meus pais, que me orientaram para sobreviver na hostilidade humana, na colisão com os meus sentimentos, advertindo que as emoções podem e devem ser controladas quando bem entendidas. Não é fácil conseguir sozinho; se fosse assim, todos teriam uma saúde mental exemplar e não contariam os dias para o próximo flagelo.

Médicos são seres humanos fascinantes por salvarem vidas, mas há momentos em que não conseguem salvar a si mesmos. Advogados são brilhantes por buscarem a justiça, mas nem sempre trazem justiça para as suas mentes. Engenheiros são notáveis por desenvolverem soluções, mas por vezes não conseguem solucionar as suas próprias aflições. Todos que são referência em suas profissões não conseguirão confrontar sozinhos as suas batalhas mentais por não aceitarem ajuda e serem obedientes à odiosa teimosia e ao infame orgulho.

A inteligência racional é seguramente exigida nos tempos caóticos da humanidade, porque a súbita tensão que forma as nuvens densas em suas cabeças já as reprograma para relampejar e trovejar. A mente é a arma mais poderosa dos seres racionais. Por meio dos pensamentos podemos usufruir do sentimento de felicidade e também de sentimentos desprezíveis. Nós escolhemos.

Em nossa mente podemos viver as melhores alegrias e os piores desprazeres, aprendemos a viver — comer, beber, falar, escutar, cheirar, tocar, pensar, agir e reagir às circunstâncias, porque não somos máquinas, somos o que fazemos de nós mesmos, a nossa vontade é própria da nossa consciência.

Porém podemos também perceber coisas ruins e as maximizar. Entretanto, algumas coisas que a princípio não são boas, podem nos ajudar a crescer. O *bullying* foi um fator que me fez crescer. E por que o tenho como um amigo? Mesmo sentindo a dor, entendia que ele não me traía e da sua forma entendeu as minhas dores, confortou o meu choro e consolou os meus amargos temores. O *bullying* abriu a minha visão a respeito de onde havia aniquilação. Mostrou-me racionalmente onde havia a fúria da emoção e me ajudou a valorizar a existência no lugar da extinção.

O "eu" interior é vulnerável ao externo, e normalmente não aceita ser contrariado. Não aceitamos ser corrigidos e teimamos em continuar com a mente fechada, sem a graça de perceber novas perspectivas. O eu interior pode e deve ser uma rocha, e não um castelo de areia que sucumbe ao menor sopro. Ele te faz sofrer, mas também te permite ter acesso à felicidade, ao autorespeito e à autocrítica para viver como você é na essência. Precisamos ter foco em nós e em Deus, porque sem Ele somos como poeira ao vento. Devemos fazer a nossa parte, pois certamente o Divino fará a dEle.

Honre o seu passado, por mais que esteja coberto de dor e sofrimento, pois ele te fez ser quem você é hoje. O pretérito da sua vida formou o seu intelecto e não lhe enfraqueceu, muito pelo contrário, te fortaleceu para emergir das profundezas e tornar-se alguém consciente das ameaças mentais que lhe atingiram. Quebrou as correntes que te aprisionavam no seu próprio ser. Como um pássaro preso em sua gaiola pode encontrar uma maneira de não ser mais engaiolado, podemos nos libertar também.

Após entender as premissas para conquistar uma vida equilibrada e harmônica, fui em busca de respostas que estavam no meu passado, e deste modo entendi o que moldou a minha criação, consegui relembrar quem foram os algozes da minha vida e as cenas mais infelizes, como o *bullying*, a obsessão e a solidão. Estudando-os, descobri como podia tirar proveito usando-os a meu favor, e não apenas mantendo as cicatrizes da dor, mas também as da cura.

Jesus sofreu por aqueles que o amavam, sofreu por aqueles que o odiavam e sofreu por aqueles que nem o conheciam, mas tornou-se o mestre da vida e dos seres humanos. Ele não desenvolveu nem mágoas nem rancores, perdoou e doou amor. Sua alma e mente nunca foram corrompidas pelas maledicências de terceiros. A fé dEle o levou a dignificar a sua existência, nunca desistindo de si e daqueles que amou.

Baseado nos ensinamentos de Cristo, nunca desisti de mim, nem os meus pais cogitaram ter a palavra "desistir" em seus seletos dicionários. Então, por favor, não desista, por mais duro que possa parecer, por mais difícil que seja o seu dia, você não é o único que está caminhando com os pés nus sobre as brasas ardentes. Lembre-se de que há aqueles que descobriram como caminhar sem sentir a dor agonizante nos seus pés.

Insisto, a crença limitante de esconder-se atrás de uma desculpa é viciante, faz com que você automaticamente pense que não vai conseguir, e isso o fará regredir a uma fase que já deveria estar extinta, exatamente no momento de ultrapassar os seus limites. O seu crescimento evolucional não coincide com a sua idade biológica, mas com as suas atitudes mentais. Para ter atitudes resilientes tem que quebrar limites. Tem que ser agente, e não reagente, tem que ser uma águia, e não um pombo. Tem que ser um leão, e não um rato.

Podemos perceber um triste fato: muitas pessoas precisam saber o que os outros acham delas, se estão sendo aceitas no grupo, se estão agradando, porém se esquecem de prestar atenção em seus sentimentos, e acabam se envergonhando de ser o que elas não são de verdade. Deixar-nos corromper pelas palavras e ações das outras pessoas nos conduzirá ao caminho do abismo. O fim daquela que poderia ter sido uma grandiosa era, tornou-se o caminho da dor e do sofrimento. Ficou exposta ao veneno externo da humanidade que paira sobre nós desde a Idade Antiga.

A infelicidade não pode ser uma meta a ser atingida, deve ser o desgosto a ser praticado. Não goste de estar infeliz. Este é um processo automático que só percebemos quando estamos muito mal ou talvez nunca. Como uma dançarina da melancolia nos envolve com os seus ritmos, a falta de consciência nos leva para o vício enervado da tristeza, sem conseguir enxergar a felicidade, visto que nos foi roubada a coragem de sonhar. Tal catástrofe bloqueia a nossa entrada para o árduo "Jogo da Vida".

A vida não poupa ninguém, infelizmente não vai poupar você. A deficiência poderia muito bem ter me vencido nos lapsos temporais, poderia ter sugado a minha energia para que não tivesse consciência de mim e ainda ter-me transformado na mais bela marionete. Poderia, mas não o fez. As escolhas que fiz baseado na visão do mundo que aprendi com os meus pais produziram uma intensa clareza. As consequências têm seu preço, seja alto ou baixo, leve ou grave, meigo ou amargo, não importa; sempre me levam ao entendimento de que a vida tem regras que não devem ser quebradas, por mais que tenhamos impaciência, raiva ou medo nos momentos impetuosos; quando as quebramos, precisamos estar conscientes de que pagaremos o preço da nossa imaturidade emocional.

Sou muito jovem e ainda não adquiri uma mentalidade madura e forte psiquicamente e, de acordo com o Dr. Alex Alves, psicólogo e pesquisador de posturologia humana, a mente chega à maturidade psíquica em torno dos 35 anos de idade. Tendo isso como base para a evolução, busco o máximo de aprendizado com os meus erros, já que errar serve para engradecer a razão e nos levar à análise das nossas escolhas. Ninguém alcança o sucesso sem ter cumprimentado o fracasso e as falhas. Ninguém passa em uma prova quando pula etapas.

Os meus pais foram substanciais para solidificar a minha psique, para não crescer amargurado pela deficiência e pelos olhares tortos das pessoas, e sim como um ser que vê o belo da vida diante do feio que surge em sua frente.

Se prestarmos atenção à atitude de algumas pessoas, perceberemos que estas se preocupam mais em olhar as conquistas dos outros do que em cuidar das suas próprias vidas. Portanto, acabam por submergir no desespero em alcançar o mais rápido possível o que o outro alcançou. Já querem correr quando não sabem ainda andar e, como diz o ditado, a pressa é inimiga da perfeição.

Para quem tem alguma deficiência é necessário ter paciência para concretizar qualquer projeto. Além de a pressa ser prejudicial ao bom resultado, a minha surdez me atrasa um pouco na vida, porém ela não interrompe a concretização dos meus sonhos. Longe disso, ela mostra que tenho o meu ritmo e preciso fazer tudo dentro do meu próprio tempo.

A sua vida não é igual à vida dos outros, não adianta pensar, querer e conquistar os bens materiais, o sucesso, o tipo de família que o outro tem, porque você terá algo incrivelmente diferente dos demais. Vale ressaltar que a sua consciência e os seus pensamentos também são somente seus, nunca serão iguais aos dos demais, podem até convergir, mas não serão iguais.

Também vale lembrar que a prática de qualquer coisa nos leva à perfeição, mas quando praticamos o que é irrelevante, inoportuno e desprezível, o treino nos conduz à ruína.

Após tudo que leu, responda para si. O que emocionalmente é excessivo em você? A raiva? Então pratique a benevolênica. A tristeza? Pratique a felicidade. Dê ao outro o que você gostaria que ele desse a você. O ensinamento de Cristo nos ensina em Mateus 7:12: *"Tudo aquilo, portanto, que quereis que os homens vos façam, fazei-o vós a eles, pois esta é a Lei e os Profetas"*. Faça o bem para que receba o bem. Faça o bem para aqueles que lhe fazem o mal. Faça o bem a todo o tempo para que se sinta bem consigo mesmo.

O aperfeiçoamento contínuo é influente, visto que praticando exaustivamente os ensinamentos no campo físico, social, emocional, financeiro e, espiritual será possível alcançar o sucesso de forma saudável sem adoecer, sem mazelas. Não será fácil, mas ficar parado não vai lhe levar a lugar algum e, se levar, não vai ser para um bom lugar.

Faço minhas as palavras do grande filósofo Sócrates: *"Só sei que nada sei ou sei uma coisa: que eu nada sei"*.

A vida é uma excelente jogadora, ela não mostra as suas cartas nem blefa e, se não fizermos as jogadas certas ou se ficarmos parados, vamos estagnar. Sinceramente não sei o que seria a nossa vida se não fosse Deus com a sua justiça e misericórdia para com as nossas ações. Possivelmente a nossa existência seria repleta de desolações. Nós causamos os problemas e devemos corrigi-los com sabedoria, o que nos ajudará a lidar com as situações de tensão, padecimento e desalento, com compreensão, pois tudo que acontece tem um motivo.

Temos as centrais para as reclamações nas empresas, nos restaurantes, nos hospitais e até nas funerárias, mas não temos uma central para reclamar sobre as nossas emoções dentro de nós mesmos. Precisamos melhorar a nossa forma de ver o mundo e de viver nele. Devemos trabalhar as emoções diariamente e isso nos cansa e nos desequilibra.

As emoções revelam-se através do nosso comportamento e da nossa forma de nos comunicar. O que sentimos externamos, seja com irritação, raiva, medo, mágoa ou tristeza. Também podemos nos revelar por meio do amor, da felicidade, da coragem e da ternura. Se temos opção de escolher o que sentir, por que temos assim tanta identificação com as emoções negativas? A troco de quê? Por quê? Para quê? Se eu sucumbisse ao ódio desenfreado por ter nascido surdo, não seria uma pessoa sã e a minha alma estaria condenada à escravidão. Culparia a tudo e a todos e meus inimigos atuais seriam meus melhores amigos. Vale a pena?

O seu *mindset*, assim como o das outras pessoas, detém os gatilhos necessários para vencer os desafios, visto que pensar é a arma mais poderosa que existe na humanidade, porém ela está adormecida por preguiça e falta de conhecimento. Todo mundo consegue, os deficientes e os não deficientes, pois somos feitos da mesma composição, somos todos seres humanos. Merecemos as honrarias por usar a nossa mente para as situações que concebem alegria e esperança, que promovem afetos em nosso ser. Contudo, como é a mente humana quando é posta à prova nas situações inflexíveis de tormento? Como ela é quando a correnteza de sentimentos negativos ativa a morte súbita da psique? O que tanto pensamos para a nossa felicidade também pensamos para a nossa autodestruição, devemos ter cuidado. A maneira como pensamos afeta a nossa vida.

O que é visível em meio ao caos é o nosso comportamento, porque é nas ondas de desespero que o ser humano encontra a capacidade de aceitar ou não a si mesmo. Ninguém desde a criação do mundo conseguiu mudar a si mesmo no marasmo do conforto, ninguém evoluiu sem antes aprender a tocar os espinhos, ninguém nasceu sabendo nadar e, quando se está aprendendo, sentimos a sensação de afogamento. As situações críticas exigem mais do que as situações de imobilidade, uma vez que nós forçamos a mente para não nos prejudicarmos.

Um sábio só se torna sábio pela experiência advinda dos erros, e mais sábio ainda quando a usa a sabedoria seu favor e a favor do próximo.

RECLAMAR não vai adiantar NADA. Se reclamar fosse bom, as pessoas estariam fartas de riqueza, de saúde e de amigos. Por que então as pessoas teimam em continuar reclamando como se fosse um ímã de coisas positivas? Precisamos entender que o passaporte da reclamação nos leva a lugar nenhum.

Muitas vezes pensei na minha deficiência como uma desculpa para todo o revés corriqueiro. Cheguei a pensar que a surdez seria um incômodo para a comunicação com os ouvintes, e ai de mim se tivesse continuado com os pensamentos venenosos, a vida teria me esfolado vivo. Daí pensar na força de vontade que é a maior força alinhada à disciplina que me ajudou muito, pois me tornei imbatível perante os desafios.

A inteligência é muito importante, mas pode ser, por vezes, nossa punidora, pois nos permite olhar as verdades ocultas que não queremos enxergar. Ela nos permite pensar sobre nós mesmos nos pontos de penitência e fundamenta as raízes emocionais para uma direção exclusiva: o fundo do poço. Quanto mais inteligente alguém se torna, mais se dá conta de que o mundo jaz na perdição. E para não seguir os rastros da manada rarefeita, precisa buscar solução na proatividade.

No início da minha história, não imaginei que a saúde mental fosse tão importante, não tinha ideia do quão saudável é o bem-estar emocional. No momento em que as situações me afligiam, em minha mente era normal e eu pensava que depois melhoraria. Ledo engano. Não melhora quando olhamos para baixo com a expectativa de ver a grandeza nos céus. Não melhora quando pensamos em fracassar sem antes tentar. Muito menos melhora quando reclamamos de algo somente para satisfazer a ilusão do nosso ego, que, aliás, não traz nada.

Tanto os deficientes quanto os não deficientes são vencedores em níveis igualitários quando descobrem em si o que deveria ser feito no agora com o que possuem. O que separa essas duas tribos é a forma como usam a mente e entendem o que está a sua frente. Quando entendemos que o foco está no fazer o certo, esse é o pontapé inicial para um grande e próspero jogo. Pessoas diferentes, tempos diferentes, ritmos diferentes, velocidades diferentes, mas todos mais cedo ou mais tarde alcançam a vitória.

A lei universal do sucesso é dotada da conjugação da consciência e da disciplina que, quando alinhadas, não importa a miséria da motivação, os choros da estagnação e os gritos do fracasso, pois será inevitável o seu crescimento e cabe a você investir sabiamente nas atitudes que mais precisam ser refinadas. Se souber investir com sabedoria, colherá bons resultados, mas caso não empreenda da forma correta, não haverá como recuperar o que foi perdido.

Não se esqueça de que o rio corre para o oceano, aprecie o que acha pouco e irrelevante; assim como o rio, o caminho a percorrer é notório. Valorize as coisas mais simples da vida, porque nada surge da grandeza e nada sobrevive na grandeza sem antes ter passado pela simplicidade. Afinal, para abrir uma fechadura é preciso ter a chave certa e simples, não uma chave embebida de grandeza que não movimentará a fechadura.

Incomodado por não estar sastifeito com a postura à qual havia aderido, eu, atônito pelo que haveria de fazer, não me contive em apenas ser "um surdo". Ademais, meus pais fizeram o que as camadas de magma fazem: educaram-me sob pressão. Tive acesso excessivo à leitura de gibis, mangás e livros, além de dezenas de filmes e séries. Durante a minha infância e adolescência vivi imerso na cultura, e isto fez com que as palavras fossem as guardiãs do meu vocabulário, que normalmente seria falho como deficiente auditivo. O crescimento na leitura gerou uma mente incomum para quem não escuta a chuva da manhã e a canção dos pássaros. Hoje, com a cintilação ininterrupta da tecnologia, está sendo produzida uma geração avessa a leitura, empobrecida em argumentos e presa ao cativeiro virtual para satisfazer seus prazeres obsessivamente doentios.

Atente-se para o cenário atual da desmoralizada geração do século XXI, que está irremediavelmente sofrendo danos através da internet. Os surtos não são mais incomuns e as clínicas de psicologia e psiquiatria abrigam uma multidão de crianças, jovens e adultos. Não é preciso ter diploma em psicologia ou psiquiatria para enxergar o inevitável que acompanha a humanidade. A mutilação através de gilete, faca e até mesmo palito não é mais novidade. Os quadros de ansiedade, depressão, pânico e o temido suicídio tornaram-se afiliados da saúde mental humana, e quem está lucrando e por quê? Empresas de tecnologia ganham milhões de dólares e o laço afetuoso foi enfraquecido.

Muitos pais não sabem equilibrar a vida dos filhos, e isto irrompe uma série de cadeias com danos irreversíveis, o equilíbro, o amadurecimento e a capacidade de análise e reflexão. O crescimento de uma criança precisa ser orientado e acompanhado. A autoridade da progênie perdeu o valor? Precisamos resgatar alguns valores. Desde a origem do mundo, os filhos sempre estiveram sob as asas dos pais. No reino animal os pais dão a vida para protegerem os filhotes, e assim sempre foi no reino hominal. Mas por que estamos deixando de lado a educação dos filhos dentro de casa? Se as atitudes dos filhos são inadequadas, é necessário corrigir. Se a educação é falha? Reeduque-os. As crianças começam as suas histórias, as mais belas e felizes histórias, ao lado de seus pais. As memórias são intangíveis, mas tangibilizam-se nas ações frente ao crescimento infantil. A radiação das más influências é letal no período de crescimento, cabe aos pais diferenciarem o bem do mal para que não corram riscos de terem um humano em decomposição. Lembrando que normalmente os filhos são os reflexos da relação de seus pais entre si e com a vida.

A educação prevalece sobre o caos. Daí a importância da participação ativa dos pais na educação dos seus filhos.

A minha história estaria por um fio, por assim dizer. Como todo jovem, usava excessivamente a tecnologia. Já fui cativo virtual e a insônia era o meu maior prazer. A manhã era a madrugada e a madrugada era a manhã, as horas já não importavam mais. O meu computador era a minha alma. Se fosse desligado, eu seria como um viciado em abstinência pela metanfetamina, porque o que mais era valorizado eram os prêmios e o *ranking* do meu avatar. O almoço em família era o computador, o *wi-fi* e a energia elétrica fornecida para jogar. O transe consumia-me.

Chegou um dado momento em que meu pai, homem astuto e severo, observou à espreita o meu comportamento e concluiu que aquilo fazia-me mal, visto que o envenenamento pela tecnologia é letárgico e invisível a olho nu, mas uma vez feito torna-se potente e difícil de ser tratado em condições normais. Felizmente, o psicólogo tirou-me do cativeiro, eliminando o acesso aos jogos definitivamente, realizando de modo efetivo a desintoxicação virtual antes que o pior pudesse acontecer.

O triste século XXI, marcado pelo adoecimento da saúde mental, leva para si inúmeras crianças, e os pais destas prezam pela quietude, já que não suportam educar austeramente as falhas infantis que a cada dia tornam-se costumeiras. A trágica consequência não será na infância, mas no período do ingresso na sociedade sem reservas de correção.

O uso de cinquenta minutos de navegação é o que nosso cérebro suporta, o tráfego de informação através do axônio o aquece e mata os neurônios. Observe o exemplo da lâmpada, o que aconteceria se ficasse ligada por muito mais tempo? Explodiria. E não é diferente com a mente humana.

As crianças e os adolescentes estão perdendo milhares de neurônios por coisas fúteis como a tecnologia e os mergulhando na insônia causada pelo uso excessivo. Eles sempre querem saber o que os outros estão fazendo sem nem darem conta de si mesmos. Não aprenderam a investir nas áreas mais sublimes da mente livre para que em seus âmagos despertem a onerosa filantropia. A aprendizagem, o comportamento e a saúde estão caminhando à perdição, a geração atual dará frutos a uma geração doente psiquicamente. E os pais? Muitos creem que está tudo bem e relaxam na indiferença ofuscante da vida perfeita. Não veem os filhos obesos ou magros demais, recolhidos ao mundo virtual, cativos, tomados pela carência afetiva e vítimas da falta de convivência familiar. São presas que salivam a boca do suicídio. Em vez de criá-los ao mundo, estão matando-os em seus nascimentos.

Retornando à minha conexão com o mundo virtual, consigo relembrar que eu não tinha boas ações devido ao exagero na internet. Tendo constatado isso, meu pai tirou-me dos jogos e colocou um limite para utilizar a internet com o objetivo de recobrar o domínio da mente. Essa reeducação permitiu-me recuperar o eixo da vida, a ponto de obter um vestígio de uma mente livre e as engrenagens voltarem a funcionar devidamente. O excesso tecnológico não é diferente do excesso do açúcar, das drogas e do álcool, que só direcionam para um caminho: o fim. Porém ninguém consegue sair sozinho e os pais são de extrema importância nesse processo.

Com o ganho do tempo após ser desligado da internet, fui adotando hábitos saudáveis, como ler diversos livros e praticar atividade física, que produziram uma mente e um corpo sadios.

Outra questão sofrida em minha vida foi o problema que trazia em minha arcada dentária. Em minha remota memória, com as névoas densas cobrindo os desprazeres que um ser humano não ousaria jamais trazer à tona, é posto em evidência o procedimento com a odontologia. Em meu emaranhado desconforto com os dentes compatíveis com os de um jacaré, incitava as dores melancólicas a cada ida ao dentista. O doutor se dispôs a transformar a arcada dentária para a sua forma humanoide e assim recuperar a minha confiança como pessoa, e não como um animal. Era triste comer, a comida era engolida sem ser mastigada e somente terminou o sofrimento quando os dentes foram colocados em perfeito alinhamento corporal, libertando-me para sorrir após os cinco anos no abismo do incômodo dental.

Essas manobras formaram o meu coeficiente emocional e intelectual para que conseguisse ser um homem inaudito em corpo e alma, entendendo que o caos é efêmero, mas pode não ser se a consciência estiver inibida pela pressão. A vida, bem como os filósofos questionam, será que a vida é sua quando você pensar nela ou no que ela poderia ser? Pensar na vida e no bem-estar é cuidar da sua saúde mental. É lembrar que tudo em excesso faz mal. Orgulho-me em dizer que o álcool, o cigarro, os alimentos industrializados, o sedentarismo e o isolamento virtual não roubaram os meus holofotes, me libertei a tempo.

Considere que existem múltiplas variáveis que podem destruir seu pilar emocional, como é o caso dos Sete Pecados Capitais, ou melhor, "Os Devaneios da Alma Humana", as sete quimeras que percorrem todo o nosso ser como algo intrínseco ao nosso dia a dia. E vivencio isso todos os dias, um impulso que a cada dia torna-se mais forte e nesses momentos pergunto-me: "Como é que Jesus suportou quarenta dias e quarenta noites no deserto, com as inúmeras tentações orquestradas pelo inimigo?". A resposta para isso estou à procura, pois Ele me comprou com o Sangue dEle e não é nada mais justo do que buscar a sua Santificação todos os dias e tentar ser um terço do que foi Jesus. O pecado em si é algo bom e, ao mesmo tempo, é um veneno que corrói por dentro e faz com que você se sinta "feliz", mas que felicidade é essa que não preenche, e sim alarga o vazio da nossa existência? Vejo pessoas amarguradas usando máscaras, fingindo que tudo está bem quando não está. Pergunto-me novamente: pelo que elas vivem? Elas importam-se consigo mesmas? Elas querem nascer, viver um vazio e morrer? A humanidade de um jeito ou de outro caminha para o êxtase do martírio.

A confusão criada nas mentes humanas sempre será originada ao crescermos, visto que quando crianças não vemos nem sentimos o soturno mundo que sobressai desde as épocas imemoriais. A maior razão do crescimento é a inteligência, e tal intelecto mostra-se superior aos Sete Pecados Capitais, uma vez que mostra a sua astúcia em face dos nevoeiros da ambiguidade. E o vasto conhecimento que a inteligência tem em si é justamente ver as verdades ocultas que não queremos ver. Por isso, conforme crescemos, mais descobrimos e, quando descobertos, é chegada a hora de usar a consciência para não sermos aprisionados na gaiola restritiva das certezas, onde aprisionam os pássaros que não querem mais ter dúvidas de suas ações e cortam as suas asas para poderem ter a imoralidade das certezas.

Sou fraco, mas tenho consciência da minha fraqueza. E por isso busco entender a minha alma e tentar controlar as minhas emoções, intensificando minha relação com aquEle a quem chamamos de Pai. Ele nos ama de uma maneira tão especial que mais de sete bilhões de pessoas desse planeta, inclusive eu, jamais poderemos retribuir esse tão fiel amor que nos foi dado. E olha que Ele nos ama, e muito, apesar de nossas imperfeições e inúmeros pecados.

Nós atraímos coisas ruins quando nós somos as raízes de todos esses males. Quando brigamos, atraímos inimizades. Quando reclamamos, atraímos ofensas. Quando nos preocupamos, atraímos insegurança. Quando desistimos, atraímos fracassos. Quando não dormimos, atraímos insônia. Quando não nos exercitamos, atraímos dores. Quando não perdoamos, atraímos a justiça de Deus.

Devemos consertar a união com Ele, pois Ele precisa de nós. Esse Deus, esse Pai, Ele tem cuidado de mim até em momentos que Ele não se orgulha, mas sou cercado pela sua misericórdia, porque as coisas que fiz não são dignas de valor. Ele abençoou-me com pais que me educam e me orientam para seguir fiel o caminho do coração de Cristo, um caminho que descobri desde pequeno, mas que não dei a devida relevância e estou pagando o preço para rever esse caminho, que só aqueles que enxergam a verdade oculta desse mundo encontrarão.

Peço perdão todos os dias e oro todos os dias por mim e pela humanidade para que um dia ela descubra o que realmente importa — Deus e nada mais!

Potencial adormecido

Não adianta ter músculos se a sua alma jaz na perdição.
Não adianta ter um bom intelecto se você o usa sem sabedoria.
Não adianta dizer que tem a mente livre se você segue suas crenças limitantes.

Não adianta se fazer de vítima se é você mesmo que inibe o seu protagonismo.

Não adianta ter o PODER, se você não o usa para o bem.

O poder é dado a todos, mas é necessário ter consciência de que quem o usa, seja para o bem ou para o mal, para a graça ou para a desgraça, de forma negativa ou positiva, irá receber o manisfesto, cedo ou tarde. Em sono profundo, o poder só é despertado quando se toma consciência do que precisa ser feito nos tempos difíceis da nossa história. Ficar parado olhando as sombras não irá abrir as portas para a compreensão do nível da resiliência.

O meu poder, há muito tempo enclausurado pelas pessoas que soltavam baforadas de críticas e palavras negativas, foi aflorado quando auferi uma súbita razão: a minha deficiência era nada menos que a minha vantagem de ser alguém insólito nos capítulos desafiadores que marcaram o meu desenvolvimento para o despontar da minha consciência.

Ser diferente é a pura autenticidade que um ser humano pode ter, e assim já está um passo à frente. Fazer algo que ninguém faz é o anseio que me impulsiona durante os dias custosos.

Em torno de mim, percebo os pelos da minha epiderme subirem quando sou visto por aqueles que não conseguem reconhecer a transformação do meu *mindfulness* (atenção plena), que se concentra no meu "eu interior", nos semelhantes e no globo terrestre. Algumas pessoas ainda me olham surpresas, envoltas em críticas que só me fazem crescer. Essas pessoas julgam segundo seus parâmetros, se preocupam com o que enxergam, e não com o que sou na verdade.

Do Ocidente ao Oriente, nos cinco continentes, a humanidade precisa deveras resgatar o seu senso de empatia para fornecer o benefício da benevolência para uma pessoa que tenta com todas as forças igualar-se aos demais do grupo humano.

As pessoas querem entender como resolver seus próprios problemas, mas não querem compreender o que e como faz um deficiente. É simples, os deficientes fazem o que elas não estão fazendo, mas talvez gostariam de fazer. Estas pessoas perderam algo das suas essências e se tornam pessoas do padrão negativo, alienadas de si mesmas e dos outros.

O rótulo "deficiente" deveria ser mudado para "D-Eficiente", pois, a meu ver, existem indivíduos mancados pela deficiência que solucionam os piores problemas, algo tão trivial que até o "normal" não consegue. Tanto um quanto o outro possuem talentos que estão ocultos, mas não foram despertados.

Não me considero um ser humano perfeito, mas me vejo desconstruindo-me para que a consciência vigente não seja comum. Por exemplo:

- Não falo palavrões, sejam leves ou mórbidos.
- Bebo mais água do que qualquer outra bebida.
- Entendo que a família vem antes dos amigos.
- A minha alimentação é baseada na natureza, e não na indústria alimentícia.
- Compreendo que o sucesso em uma área não justifica o fracasso em outra, assim como ter sucesso na vida não explica a ruína da saúde.

- É necessário viver pela meritocracia, não pelos privilégios.
- Tenha sempre alguém para se apoiar. Alguém íntimo e confiável, porque sozinho você não vai conseguir.

Estes são os princípios que adquiri por meio da educação realizada por meus pais. Sei que essas convicções não tornam alguém perfeito, mas podem proteger a pessoa do extermínio.

A essência de boa parcela da humanidade está impregnada pelo desespero oferecido pela busca da vida perfeita. A falta de conhecimento repousa nos solos problemáticos que foram regados pelas incertezas, dúvidas e receios. A inveja provocada pela sua inércia dissipa a última gota de razão. A humanidade vive nos seios adoráveis da repulsa, usufruindo de uma vida vazia e sem sentido, culpando aqueles que optam por fazer diferente. Em vez de ficarem felizes, empáticos e orgulhosos, buscam contagiar os que são e fazem diferente com seus olhares fulminantes. Estes regozijam-se nos ressentimentos, nas mágoas, nas raivas e nas suas falas providas de maldades, tentam arrancar o bom senso de justiça. Suas atitudes torpes da ignorância e insensatez invocam o lacaio da mediocridade que o escravizrá. *Quanto menor, melhor.* Nivelam-se por baixo, bem abaixo do seu potencial.

O que estiver ao seu alcance, faça. O meu entendimento sobre o nascer e crescer me leva a crer que o nosso tempo nesse mundo está acabando a cada aniversário celebrado. O bem que quero propagar só será feito quando não for esperado o retorno de outrem. Simplesmente faça o bem, mesmo para aqueles que lhe presenteiam com o mal.

Seja o que for, só vai dar certo quando você tiver o entendimento e fizer por merecer, quando receber pelo seu próprio mérito, e a isso chamamos de meritocracia. Também não espere aplausos de ninguém, espere apenas o seu triunfo. Busque as respostas para solucionar os seus conflitos que, emergidos nas situações difíceis, te fazem duvidar do seu potencial.

Seja digno da nobreza à qual você pertence, a nobreza do Altíssimo, onde o poder da autocrítica, da autodisciplina, da autovalorização e da autoconsciência emana diretamente do trono de Deus. Nas cinco Solas da Reforma Protestante de Martinho Lutero, encontramos as 95 teses que contrariam todas as condutas ditadas pela Igreja nos tempos antigos e que caminhavam na direção oposta de Deus:

Sola Fide -Somente a Fé-
O homem só poderá ser salvo por intermédio da Fé em Jesus Cristo.

Sola Gratia -Somente a Graça-
Pela Graça somos salvos por intermédio da fé, e isso é um favor imerecido.

Sola Scriptura -Somente as Escrituras-
A Bíblia é A PALAVRA DE DEUS, e por intermédio dela somos direcionados a uma vida cristã.

Sola Christus -Somente Cristo-
O Cristo é o único e exclusivo mediador entre você e Deus. Nada de papa, padres, pastores, sacerdotes.
Esses líderes servem para guiá-lo no caminho da salvação, mas somente Cristo pode fazê-lo chegar aoPai.

Sola Deo Gloria –
A Gloria Somente a Deus.

Caso você possua alguma deficiência física ou mental, lembre-se de que a deficiência não é considerada um atraso, mas um poder vantajoso contra aqueles que não possuem um grão de sapiência quando o assunto é a gigantesca vida. Estar vivo é o suficiente para se transformar. Afinal, para rompermos o nosso casulo, só precisamos estar respirando. Não devemos nos levantar como um deficiente, mas como um ser humano consciente fazendo o melhor que pode ser feito, e isso é perfeito. Busque a cada dia um centímetro de melhoria em relação ao dia anterior. A sua conta emocional tem que ser paga em dia, não seja um endividado levando a sua intelectualidade à ruína. Não há ninguém melhor do que você mesmo, que conhece mais de si. Solucione seus próprios conflitos.

VOCÊ, EM LETRAS MAIÚSCULAS, que não possui nenhuma deficiência e deixa-se ser aplacado pelas bravias intempéries na arena da vida, atente-se: você tem cérebro, braços, pernas, visão e audição, por favor, o que você não tem que lhe impede de vencer? As suas emoções? São treináveis. A sua cabeça? Ela pode ser reeducada. A sua teimosia? Só precisa de um solavanco.

Ajuda é o que não falta nesse mundo alastrado por palestras ricas em conhecimento, desde empreendedorismo a investimentos, da vida saudável à saúde mental. A escolha é somente sua. O que reside dentro de você não se assemelha a uma bomba atômica, especificamente a uma Tsar Bomba, de nome-código conhecida como *"Ivan"*, desenvolvida pela União Soviética. Sua capacidade faz sumir uma ilha no oceano Ártico. Imagine você, que tem um poder natural, o que pode fazer!

Deus criou você, logo faça por você o que ninguém fez e nunca poderá fazer.

Comece admirando seus pequenos feitos, não os despreze. Não ouça o que as pessoas dizem, porque a maioria estará lá para: criticar, aplaudir ou se afastar. Independentemente do que as pessoas escolham, eu e você estaremos conscientes do que precisa ser feito. Jamais se mova pelas palavras dos outros, caso contrário, não será você comandando a sua vida, mas o outro ditando os seus passos.

Somos mais do que fomos criados, somos treináveis, do físico às emoções, fazemos a humanidade, aquela que constrói e destrói. Nossa capacidade de realização é infinita. Olhe para alguns antepassados que triunfaram nos anais da crítica, da humilhação e do desatino: Albert Einstein, Isaac Newton, Galileu Galilei, Sigmund Freud, Thomas Edison, Da Vinci, Anne Frank, Sócrates, Ayrton

Senna, Marie Curie e outros grandes homens e mulheres que ascenderam as suas mentes para o convencimento de que um ser humano vivo diante da desconhecida verdade pode ser aprovado no jogo da vida.

Nós somos a nossa própria medida, assim como o Sol é digno de sua grandeza e a Lua brilha sua nobreza, ambos sabendo que não podem ser comparados, que cada um tem a sua significância para a vida. Compreendeu? Ambos possuem seus poderes, já que se determinaram a ocupar o cerne mais importante: a sua essência. Estabeleceram o "Eu" sobre todas as fraquezas e aperfeiçoaram as suas forças para ser passíveis de serem transformados a cada amanhecer e anoitecer, dia após dia, suprimindo os seus PIORES INIMIGOS, que apontam para as suas dúvidas, incertezas e receios.

O aprendizado deve ser claro e nítido, não aprendemos sem entender, porém, se não entendermos, aprenderemos pela dor. O seu inimigo está aprisionado entre as quatro paredes mais escuras no fundo do seu âmago. Ele é sagaz e sabe minimamente sobre você, mas ele vê o que você vê, sente o que você sente e, pior, ele conhece os pensamentos que naufragam na sua mente. Ele quer te controlar e não esconde a sua intenção maquiavélica de que você esteja sob o domínio das suas garras inibidas pelo veneno da ditadura. Ele será o seu ditador, caso você o permita. A sua alegria dará lugar à tristeza, a sua esperança dará lugar ao desespero, seus sonhos se desvanecerão em homenagem ao reino do pesadelo. É assim que "ele" age.

Uma vez por dia olho para dentro de mim. Essa tomada de decisão conscientiza-me para que eu tenha segurança de que todas as minhas emoções negativas possuem um motivo. Se eu souber quais são, consigo entendê-las, não me prejudicando e à aqueles que me rodeiam. As zonas que atraem as bestas que dominam as categorias da aflição, do ódio e da culpa são chamadas zona de conforto e autossabotagem.

A inteligência emocional, alinhada com a alma curada, libertou a minha mente do cativeiro existencial e me permitiu desenvolver uma compreensão diferenciada sobre o que vivo. Afinal, somos seres humanos em desconstrução, procurando como desconstruir tijolo por tijolo as nossas imperfeições. Se não percerbemos isso, por que então estamos vivendo? Qual o sentido da vida?

Estamos em uma era em que a capacidade inata de um ser humano é ditada pelo seu QE (quociente emocional) e não pelo QI (quociente de inteligência), apesar de muitos ainda não aceitarem o QE. O que irá determinar o nosso desenvolvimento é o nível de controle que temos sobre as nossas emoções ao agir diante de situações catastróficas, como humilhações, ofensas, objetivos não alcançados, fracassos, estresses no trabalho ou em casa.

A inteligência emocional é o poder de equilíbrio do indivíduo, por meio da autoconscientização das suas fraquezas e falhas. Assim como uma granada com o pino solto pode explodir e causar uma cratera no local, pode te matar também. Este local é o seu ego, e quem está neste lugar? Você mesmo.

Iniciarei aqui a minha desenvoltura em inteligência emocional, começando pela superação. Entretanto, não sou um cientista nem psicólogo, apenas fui submetido a ver a confusão incontrolável da humanidade que tanto se contamina devido às pestes emocionais. Eu não queria ser levado pelo temido mar bravio que já afogou pessoas boas com o potencial para serem extraordinárias. Elas não aguentaram a fúria e a vergonha e jazem em profundas águas sem verem o brilho da superfície.

A minha deficiência está na minha pele, dentro de mim, não posso tirá-la nem operá-la com um IC (Implante Coclear), porque não querer é uma opção minha. O dia que houver o avanço milagroso das células-tronco, inevitavelmente farei a cirurgia. Porém creio que demorará. Fico em paz por saber que o meu momento atual está sendo construído com a melhor medida possível. Caso não aceitasse a minha deficiência, não tivesse recebido a educação imposta por meus pais, afirmo severamente que não teria a mínima ideia de como descobrir quem sou ou o poder que tenho.

Quando você perceber que algo poderá ser ruim, se pergunte: ruim para quem? É ruim por quê? O que levou a minha condição a ser ruim? De que forma ela é ruim? Suas respostas aos poucos se transformarão, certamente, e o elegerão como protagonista ou como antagonista de si mesmo.

A deficiência transforma o sentido que lhe dou por meio da bênção. Ela pode ser uma desvantagem em algumas situações, mas ora, não sou perfeito, precisarei de ajuda, sim, mas quem não precisa? Só não devo arranjar lama e sacudir-me nela. Quem se contenta com o lamaçal jamais verá as pérolas.

Transforme o negativo em positivo, a desvantagem em vantagem, as dificuldades em aprendizados. Esse é o pensamento que devemos ter na escola, na faculdade, no trabalho, com a família e com a vida. É bastante simples, pois somos nós que tornamos as coisas difíceis em débitos. O passado serve para nos fazer refletir. São experiências adquiridas que não devem ser esquecidas, para podermos agir diferente.

As batalhas ocorrem dentro de cada um de nós e são heterogêneas, múltiplas e singulares, uma vez que apenas nós conseguimos entender o que se passa nas nossas mentes. Isto origina um aprendizado que inevitavelmente molda o nosso caráter e dita os movimentos para a nossa enigmática vida. A chave para abrir a minha mente está guardada e ela é que pode movimentar as minhas atitudes, me transformando em um homem bom ou mau ao caminhar sobre as pedras duras jogadas pelo caminho.

O Divino desde a criação do mundo jamais colocou algo que alguém não possa suportar. Ele acredita na capacidade dos escolhidos, igualmente acreditou em Moisés, Abraão, José, Josué, Noé, Davi, Salomão e outros. O que esses renomados homens tinham em comum era a perseverança, também foram abençoados com a consciência para fazer o certo. E mesmo errando pela segunda vez, foram para a terceira, a quarta e assim por diante.

O homem que inventou a lâmpada, Thomas Edison, deveria estar registrado na nossa psique para salientar que, após 9999 vezes, ele não desistiu e disse: *"Apenas descobri 9999 maneiras erradas de fazer o experimento."*. O resultado da persistência trouxe a luz elétrica para o mundo. O que aconteceria se desistisse? Escuridão anárquica. No momento atual, desistimos muito rápido, desistimos de nós. Não nos preocupamos com a nossa saúde mental e, ao menor sinal dos problemas, nos fragilizamos de forma impossível de solucionar.

Tudo irá se resumir ao "E se..."
E se não tivesse feito aquilo?
E se tivesse estudado mais?
E se não reclamasse?
E se conseguisse passar?
E se... E se... E se...

Que tal assim: "E se..." e agir rápido? Só vai! Se errar, errou uma vez e tenta novamente. A experiência o fará não cometer o mesmo erro.

É óbvio que, quando se trata de benefício para si próprio, conseguimos tentar várias vezes sem desistir, mas não podemos pensar desse modo, já que criamos muitas expectativas que podem causar frustrações inesperadas.

O meu exercício com a deficiência tem que ser feito no mesmo ritmo que um corredor treinando para uma maratona, quebrando limites e paradigmas que envolvem a minha mente. Isso vale para as pessoas surdas que atravessam desertos silenciosos, montanhas caladas, vales em suas quietudes, sempre procurando crescer ao lado daquilo que seria um incômodo, mas que é aprazível quando entendido.

ISSO É VIVER! Ninguém vive bem sem admitir as suas fraquezas e que precisa estar ciente de que as situações desgastantes servem como lições para transformar a fraqueza em fortaleza. Nós não estamos enfrentando o mundo, mas a nós mesmos, no lugar onde ninguém entrou ou entrará, a nossa mente. Nossa mente é específica, diferente da mente das outras pessoas, ela é a detentora da nossa psique. Se não conseguir controlá-la, os outros irão.

Aqueles que são considerados deficientes em diferentes classes, com níveis leves ou graves, precisam mudar a forma como enxergam a si mesmos. O que para eles seria falho e os desqualificaria como seres humanos, quando aceitam as suas condições, finalmente tomam as suas decisões. Conseguem justificar para si que não vieram ao mundo apenas para ser *"mais um"*, mas para ser *"um dos tais."*

Seja um homem, uma mulher, um ser humano que fascina a todos, mostrando que sua deficiência não lhe impede de fazer nada. E poderá ver o olhar das pessoas espantadas por constatarem o seu crescimento. Um alguém limitado que desabrocha como a mais bela das flores nas terras áridas da mente, desvelando a beleza da criação. Isto não tem preço.

Pais, não se esqueçam que para a comida ficar saborosa é preciso colocar tempero. Para o carro funcionar é preciso colocar combustível. Para a pessoa se manter saudável é preciso visitar o médico e o psicólogo. E para os seus filhos serem grandes eles precisarão de vocês. Ensine-os a serem pequenos para que vejam o valor da grandeza, mesmo com ou sem deficiência. A força, a coragem, a determinação, a vontade, a garra e o amor jamais devem estar em falta nas prateleiras dos seus pensamentos. Ninguém nasce com dificuldades, mas estas são criadas com o tempo. E se as criam, também podem criar habilidades para resolvê-las. Esvaziar o balde das preocupações e enchê-lo com as ocupações idôneas que servirão como prenúncio para um novo capítulo das suas histórias.

É da nossa natureza termos poderes. O problema é que eles estão adormecidos nos corpos preguiçosos e inseguros. Como causa dessa execução sem motivos, a pessoa se ressente, se amargura, se irrita e assim coleciona tempestades emocionais que parecem aliviar o estresse, sem nenhum propósito, simplesmente fazem um dano a nossa existência, nos levando a verdadeiros abismos.

O meu poder como deficiente auditivo é simplesmente escutar o inviolável silêncio, observar as pessoas em suas ações, analisar os cenários intrigantes e interpretar as situações cálidas. Para isso usei a mim mesmo como cobaia das minhas reflexões. Meu crescimento é como uma cachoeira que jorra informações sem fim para a compreensão do mundo e do outro. Ao entender-me, dou um passo consciente para entender o outro à minha frente. Posso compreender como a minha emoção e a do outro estão interferindo em nosso relacionamento e, consequentemente, em meu crescimento pessoal. A influência das relações que estabelecemos é profunda. Hoje tenho consciência, mas no passado tive o desprazer de conversar com pessoas muito tóxicas, que me levaram a decidir por uma escolha ruim, a de sumir. Daí entendi que ir em direção às gigantes ondas é pedir para ser afogado.

As habilidades que adquiri através da educação dos meus pais demandaram tempo, pois estava sendo treinado para não agir como deficiente, e sim como um ser humano lúcido do poder que a vida, por intermédio do Divino, me ofertou.

Não há nada mais doloroso do que permanecer confinado em um lugar que não lhe traz felicidade. Desejar estar feliz faz parte da carência momentânea, mas ela acaba e não é eterna. É notório que o crescimento dói, a mudança dói, mas me diga o que não aprendemos pela dor? Poucos aprendem pelo amor. A pessoa sensata conhece o caminho por onde deve andar. É ajuizada e percebe por qual caminho não ir. As decisões nos movem. O que não nos move é a inércia indecisa.

Criei uma frase metáforica.

Me olho no espelho e vejo com clareza as minhas pupilas e as íris. Sinto que existo para o impossível. *GGGGGRRRRRRRRRRRAAAAAAAAAAAAAAAAAAA* (simulação de um rugido).

Glorifico ao Divino que me deu o valor meritório: a vida.

Uma frase e um gesto simples são capazes de aquecer o recôndito da alma e são poucas as pessoas que se libertam e cometem esse puro prazer. É sábia a pessoa que sabe o que quer. Entende quando tudo está perdido e quando não há mais furor na motivação, que é chegada a hora de usar de *"DISCIPLINA"* para viver a própria vida.

Para muitos a teimosia ainda resiste ao acordar, resiste porque muitos só querem continuar com a mesma rotina de ontem. Querem a estabilidade em um mar de tempestades e ondas furiosas, querem que as coisas fiquem como estão, porque acham que não podem piorar. Mas vão piorar. Morrerão ainda que vivos em seus corpos, com suas mãos fechadas pela irresolução e incerteza. Elas somente se abrirão para darem um último movimento – o perecer da vida.

O anseio por uma mente livre não está somente em resolver os seus problemas, mas em não os criar. Não posso ajudar-lhe, porque antes você tem que ajudar a si mesmo. A única coisa que posso fazer por você é lhe mostrar que sou um ser, uma alma que conseguiu ver o valor que a vida nos dá nos pequenos momentos e do qual sempre nos esquecemos.

Nem tudo é o que parece ser

Desde muito cedo aprendi o que significa ser uma pessoa surda, visto que era necessário ter consciência dos meus limites e dos preconceitos das pessoas. Atualmente, vivemos uma era na qual os surdos estão sendo reconhecidos e valorizados no mundo afora. A partir dessa premissa, mergulhei no passado longínquo para redescobrir como foi a minha surdez durante o período infantojuvenil. O surdo é considerado alguém que não ouve, e isso é uma verdade. Só que existem inúmeros mitos no que tange à surdez. E a falta de informação para a população brasileira é grande, o que dificulta o entendimento, pois o que é comum para aqueles que escutam, torna-se um empecilho para quem não escuta. Os surdos falam. Entretanto, o desconhecimento sobre o assunto faz com que as pessoas pensem que o surdo só consegue se comunicar através de Libras. A oralização para os surdos foi reconhecida em 2002, porém, sem saber o que fazer, a comunicação entre os que escutam e surdos fica prejudicada.

Existem várias categorias para classificar a nação surda. Estas englobam diferentes condições:
- O surdo que usa a Libras, a língua de sinais.
- O surdo oralizado, que se utiliza da leitura labial para entender e se comunciar.
- O surdo implantado, que fez o implante coclear que facilita a audição.

- – O surdo-mudo, caso mais raro. No Brasil é comum encontrarmos surdos desta categoria.
- – O surdo que não escuta bem. É o caso de algumas pessoas de meia-idade que vão perdendo gradativamente a audição.
- – O surdo unilateral, que ouve bem em um ouvido e tem deficiência no outro.

Estudei bem estas seis categorias para entendê-las em suas unidades. Após entender, creio que seja notório que lutemos para que haja a inclusão da surdez de todas as categorias.

A cultura surda é impregnada nos regaços da Libras, visto que esse meio de comunicação é comum não só na América do Sul, como também na América do Norte, Europa, África e Ásia. Em todas as regiões de cada continente pode-se encontrar uma língua de sinais própria, já que cada país tem a sua cultura e isso influencia muito na comunicação.

O inglês e o espanhol são idiomas importantes no ensino escolar brasileiro. Eles são determinantes para o futuro acadêmico dos alunos. As línguas são aprendidas desde o maternal, então não há dificuldade em aprender Libras, há apenas a desvalorização por falta de ciência sobre o uso incomum do vocabulário. Algumas pessoas submeteram-se à falta da audição e, por não terem recursos próprios, tiveram que caminhar apenas pela línguagem brasileira de sinais para sobreviverem nessa hostilidade mutável.

É seguro dizer que quando me tornei oralizado, as portas da independência abriram-se diante do que seria considerada uma fraqueza. O motivo é bastante simples, eu posso conversar com o porteiro do condomínio, por exemplo. Creio que todas as pessoas têm a obrigação de incluir Libras em seus intelectos. Não discordo, pois não existem somente os surdos oralizados, há pessoas que não possuem condições de comprar aparelhos auditivos ou que, mesmo com o uso dos aparelhos, não conseguem ouvir os sons, e daí precisam aprender a língua desvalorizada para poderem pronunciar as suas necessidades.

Aqui faço um apelo aos responsáveis. Como um ser humano consciente do que viveu e viu, afirmo que se a criança nascer surda e se existir a possibilidade de usar o aparelho auditivo, por favor, eduque-a para ser oralizada, visto que esse caminho é menos doloroso no seu crescimento, apesar de ser mais árduo para a educação.

Não deixe de ensiná-la a Libras, uma vez que ela foi abençoada por ouvir o inaudível. A Libras vai mostrá-la como é ser humana ao se comunicar com aqueles que não optaram pela trajetória da oralização ou não puderam ser oralizados.

A vida não é injusta para aqueles que trabalham duramente, e o meu trabalho em ser alguém que não pode ser considerado surdo leva-me a crer que posso criar uma versão de mim. Afinal, a melhoria não está em ampliar a fraqueza, mas em fortalecer o que já tem. Visão, coordenação motora, tato, olfato e paladar.

Mas para que esses atributos sejam eficientes, a mente tem que caminhar lado a lado, uma vez que é através das sinapses neurais que cocriamos uma comunicação eficaz para o nosso melhor desempenho, independentemente de quais limitações tenhamos.

É lógico dizer que quando aprendemos na escola, aprendemos repetindo. Por exemplo, a recorrência dos cálculos matemáticos nos leva em algum momento a conhecer os números automaticamente. Esta premisssa também se aplica à vida. Quer ser bom em algo? Repita. Meu crescimento inerente ao meu pensamento incomum mostrou-se capaz de quebrar os paradigmas que acompanham a surdez, visto que o conhecimento da sociedade sobre os surdos está mudando ao conhecê-los informalmente.

O crescimento não pode ser para cima, visto que você precisa primeiro firmar as suas raízes para baixo e elas devem conter princípios fortes e duradouros a fim de que utilize a consciência, para que não somente a deficiência, mas também os problemas rotineiros sejam vistos como degraus que te impulsionam para mais alto.

Seja um cedro-do-líbano, como esta árvore forte e magestosa.

Está na hora de enxergar os sinais como uma forma de comunicação a ser aprendida. Creio ser óbvio que sem este conhecimento você não poderá se comunicar com uma pessoa surda, impedindo-a da sublime comunicação humana. Muitos não aprendem por teimosia, por desconhecimento ou mesmo por não quererem ver o que está a sua frente. A dor da surdez não é sua, mas a dor da estagnação sim, e esta é impiedosa e cruel. O anseio por uma mente livre não está em como resolver os seus problemas, mas em como não criá-los.

As pessoas precisam de conforto "verbal" vindo dos outros, porque não estimulam a si mesmas a fazer o que tem de ser feito, querem que os outros digam o que fazer ou que façam por elas. Os meus pais sempre cumpriram os seus papéis, o que é um pouco raro nesse mundo. Ao proibir-me as coisas que me fazem mal e ao dar-me os sermões consequentes das minhas más escolhas, me ajudaram a trilhar o caminho da prosperidade. Eles fazem isso não porque querem que o seu filho seja bem-sucedido, afinal qualquer um pode ser se trabalhar duro e constantemente, mas eles fazem isso para que eu seja um grande homem.

O significado de ser um grande homem está inserido nos primórdios da filosofia. Respeite a si mesmo e os outros te respeitarão. Seja gentil e os outros te admirarão. Não reclame e os outros te pedirão conselhos. Não fuja e os outros saberão da sua coragem. Seja positivo e os negativos se afastarão de ti.

Retornando ao meu caminho de aprendizado, volto à época em que ingressei na faculdade de administração, na Universidade Veiga de Almeida, no bairro Barra da Tijuca, no Rio de Janeiro. Cheguei à faculdade com o pensamento de que o que cursaria era desvalorizado e considerado a última opção profissional para o futuro. Porém não é o curso que faz o ser, pois existem médicos, advogados, engenheiros, arquitetos, que são seres brilhantes e não são aclamados em suas carreiras, e a maioria não criou habilidade para administrar seu próprio dinheiro por não aprender o mínimo da saúde financeira.

Muitos pensam que a faculdade decide o destino da pessoa, mas, para mim, quem se baseia somente no curso da faculdade terá o amado diploma, mas será reprovado na vida por não ter sido treinado para lidar com as questões imprevisíveis do dia a dia. Aprenderá as questões das provas lançadas pelos seus ilustres professores, mas não saberá as respostas do amanhã, e isso culminará na ansiedade por um futuro próspero e no remorso pelo passado perdido, consequentemente terá o presente como uma bomba-relógio pronta para explodir.

Por ser manco pela deficiência auditiva, vi os períodos do curso como níveis de um game, como um dos jogos da vida, onde a dificuldade era não ouvir e ser visto por pessoas diferentes. Sempre me sentei na primeira fileira das carteiras da sala, diariamente estava lá, no mesmo horário, e, por incrível que pareça, constantemente me deparava com os olhares instigados pela curiosidade e pré-julgamento – *quem ele é?* Os alunos ficavam olhando o aparelho auditivo. Estranho, não? Sou um ser humano e todos somos diferentes na essência.

O que fascina as pessoas não é a inteligência nem a beleza, mas sim a clareza da certeza. Sempre queremos estar certos sobre algo e afirmar as nossas dúvidas inquietas. Devido a isso, seja certo ou errado, no final aliviamos a nossa mente com a resposta dada às nossas perguntas. As pessoas costumam demorar a perguntar-me sobre a minha condição por vergonha ou por acharem que podem me ofender, mas neste momento eu me pergunto: *Como elas sabem o sentimento dos deficientes se elas não possuem nenhuma deficiência?"*

Sempre costumo dizer que, do europeu ao africano, do rico ao pobre, da classe alta à periferia, em todos os cinco continentes, todas as pessoas usufruem o que têm em suas mentes. Do ser humano completo ao ser humano deficiente, é manifesta a questão imutável que navega as suas mentes indisciplinadas, ou seja, o não entendimento sobre as dificuldades se transforma em trampolim para o sucesso meritocrático.

Um deficiente qualificado quando treinado pode ser eficiente em um determinado processo, enquanto um ser humano completo desqualificado será ineficiente.

A compreensão de usar o que seria desfavorável muda a visão daqueles que vivem em desvantagem todos os dias e encoraja-os a saber que ninguém sabe verdadeiramente tudo sobre si. Em suma, enxergamos a dificuldade pela ponta da agulha.

Existe uma frase muito utilizada na arena de jiu-jitsu: *"Um faixa preta é um faixa branca que nunca desistiu"*. E esta frase fez-me criar um pensamento relacionado aos seres deficientes: *Um ser além da capacidade comum é um deficiente que nunca desistiu.*

Os deficientes precisam ser vistos como seres humanos vencedores, e não deficientes vencedores, porque nós somos seres humanos em evolução, e a deficiência é apenas um detalhe no corpo físico. Teremos guerras maiores do que uma questão auditiva, física, mental, visual, entre outras.

Por isso devemos ser sempre gentis, pois a gentileza nunca perde a data de validade, ela demonstra uma qualidade verossímil e incinera a maldade oculta. Procuro usufruir da gentileza com os desconhecidos, a fim de mostrar a eles que não sou o que eles julgam, e quando afirmo-me, começo a abrir a porta da primeira etapa para a aceitação como alguém que carrega a superação.

Observe os seres humanos mais amáveis, que carregam um cromossomo extra, pessoas fascinantes sem traços de crueldade, os cordiais com síndrome de Down. São boas pessoas, excelentes no amor, atraentes na atenção, empáticos na emoção e excedem a bondade humana. A educação dessas pessoas formidáveis não é demasiadamente diferente daquela das pessoas que não possuem síndrome. É o mesmo ato carinhoso de amar, de ajudá-las a crescer, a desenvolver-se, estimulando-as no aprendizado, tendo cuidado e paciência, com naturalidade e espontaneidade, com a clareza e a consciência de suas limitações, que será o trampolim para ajudá-las a superar os desafios.

Os resultados são assustadoramente surpreendentes, mas *o quanto você está disposto a pagar o preço?*

Ainda na faculdade, enfrentava a segunda etapa para o reconhecimento, as notas das provas que demonstrariam a minha capacidade letárgica, mas esta não foi caracterizada como tal, porque para substiuir a falta de audição foi estimulada a minha visão, já que o processo de comunicação é estabelecido pelos meus olhos.

Vários exemplos podem ser dados: um deficiente mental pode fazer melhor as tarefas rústicas ou até as mais perigosas que um ser fisicamente perfeito. Uma pessoa cega possui uma audição mais estimulada e, devido a essa habilidade, ouve melhor e guarda mais facilmente o que ouve, uma vez que depende das informações sonoras, que são mais acessíveis.

O respeito e a admiração não podem ser conquistados se antes você não conquistar a si mesmo. É necessário ver o nó que envolve as nossas fraquezas e que este pode impedir-nos de desatar as amarras, nos mantendo firmes nas rebeldes intempéries.

É nítido o quanto um treinamento pode mudar a vida de alguém. Um alcoólatra pode treinar para ficar sóbrio. Um analfabeto pode treinar e ser alfabetizado. Um médico treina para não errar nas cirurgias. Um advogado treina para ser argumentativo. Um dependente químico pode treinar para se libertar da droga. Um engenheiro pode treinar para criar as melhores soluções.

Treinamento é muito importante, pois nos faz mergulhar no conhecimento. Quando estava na faculdade de administração, estudei uma matéria de engenharia, que para muitas pessoas é considerada de extrema dificuldade, devido ao seu conteúdo, a famigerada PO (Pesquisa Operacional). Porém, ao aplicar-me aos estudos, me saí bem e ganhei a admiração dos alunos de engenharia e, principalmente, do professor.

Nessa turma havia alunos de administração, ciências contábeis e engenharia, éramos vinte alunos no total, e apenas três alunos foram aprovados, e eu era um deles. Treinei, treinei e treinei, mesmo tendo dificuldades nas aulas, mesmo não entendendo 90% das palavras ditas pelo professor devido à articulação do mesmo ser pesada, eu treinei e consegui.

O professor explicava a matéria no quadro, mas não tinha condição de entender da mesma forma que os ouvintes, só conseguia entender 10% da matéria ensinada e estudar pela internet com as questões oferecidas era o que me restava. Treinei arduamente e finalmente cheguei à conclusão de que não há desculpas para a reprovação.

Quem treina, erra. Quem treina, aprende. Quem treina sabe mais de si.

A humanidade é poderosa por natureza. Ela foi criada pelo Divino, que deu aos seres viventes a Sua imagem e a semelhança. É algo sobrenatural o que nós podemos fazer nesse mundo, já que nos foi permitido construir para as nossas necessidades e destruir para os nossos orgulhos.

Na faculdade, alguns professores sabiam que eu era surdo, mas outros não sabiam. Esses outros que não sabiam explicavam bem, mas não imaginavam que estavam explicando para um aluno surdo que sempre ia bem nas provas deles. Sun Tzu, autor do livro *A Arte da Guerra,* escreveu a seguinte frase: *"Para vencer, deve conhecer perfeitamente a terra (a geografia, o terreno) e os homens (tanto a si mesmo quanto o inimigo). O resto é uma questão de cálculo. Eis a arte da guerra".*

Se você não conhecer o lugar no qual está inserido, já perdeu a batalha. Se não conhecer os professores que te ensinarão, a derrota é iminente. Se não conhecer o seu instinto, saber o que está acontecendo em seu entorno, tanto o lugar quanto os professores, já terá perdido a guerra.

A norma da faculdade é explícita, os professores devem saber que há um aluno surdo na sala, mas alguns deles não foram avisados. Quando não entendia o professor, eu ia, sem receios, confrontar uma autoridade e clarificá-lo sobre a minha condição para que tivéssemos uma parceria favorável. O professor me ensina e dou as melhores notas a ele.

Apresente-se aos seus desafios, diga seu nome, o que pretende fazer e como o fará, mas antes pense, pense e aja, porque fugir não é opção, não lhe dignificará no futuro. Todos nós travamos uma batalha diferente a cada dia, uns mais e outros muito mais, mas temos que vencer este dia e não nos deixar influenciar negativamente pelo que já passou. O foco tem que ser no AGORA. Isso é fazer parte da humanidade.

Não venere as correntes que te aprisionam, estude-as, a fim de sair dessa fantasia afável que você criou para sastifazer os seus desejos infundados. Questione por que as coisas são como são. Não seja supérfluo, aprenda a ser flexível, porque a vida tem uma boa mira, aproveite da flexibilidade para desviar-se das balas que virão.

E qual é a minha flexibilidade na batalha como um deficiente auditivo? A observação.

A grama, a calçada, as barras de metal dos prédios, a cabana, os letreiros, as roupas, os lixos, as cadeiras, e principalmente as pessoas, tudo o que pode ser visto ao alcance dos meus olhos, eu vejo. As faces das pessoas são fascinantes, porque o que não pode ser dito pode ser revelado em seus rostos e a sensibilidade trouxe-me um toque de entendimento e compreensão humana.

Um detalhe importante, se alguma mulher pegar-me olhando para ela, não é porque estou interessado nela, mas é porque estou curioso para saber o porquê da pessoa ficar daquele jeito, expressar suas ações de tal forma. Mas por que eu olho profundamente as mulheres? As mulheres expressam suas emoções demasiadamente voláteis com inúmeras variáveis, e isso vale aos homens, cuja espécie mostra-se a mais salafrária possível.

A observação trouxe-me erudição sobre mim e sobre o outro, liberando a minha confiança nas pessoas, mas sempre com um passo atrás, pois existem intenções escondidas e não é incomum as pessoas terem desejos egoístas para si. Observei antes os meus temores e com a ajuda de meu pai, psicólogo, pude entender como domesticá-los nas minhas incertezas mentais. A minha deficiência, aliada à riqueza educativa, permitiu-me balançar as asas solitárias para criar o impulso e voar em direção ao céu, que estava coberto por cúmulos-nimbos com raios, estrondos e tempestades.

Faça tudo o que estiver ao seu alcance, porque o nosso tempo nesse mundo a cada dia está acabando. Viva e muito. Erre e aprenda. Fracasse e ganhe. Não importa a sua deficiência, mas como você a usa, e para saber usá-la a educação é o estágio inicial do desenvolvimento como um ser humano em evolução.

Não há como enobrecer a esplêndida maestria que meus pais desempenharam nas arenas humanas mais hostis que gritavam pelo sangue do meu falecimento. Adversários vorazes empunhavam suas espadas às críticas mais duras para ferir as pessoas que estavam tentando metamorfosear a educação para que eu atingisse os céus da grandeza de minha semelhança, o que seria impossível aos olhos nus que só veem o visível, transformando a natureza humana em um único ponto de vista no qual nem tudo é o que parece ser.

O medo corajoso

Águia por natureza, leão por vontade e deficiente auditivo por destino. A coragem é a ausência do medo. Na realidade é quando temos uma grande força interna que nos conduz a enfrentar os desafios e perigos. O que você decidirá? Se o medo é dominador e o perigo é real, o que fazer? As escolhas são nossas, nós decidimos como será o alvorecer da nossa manhã, se ela será marcada pela paralisia do medo ou pela coragem em fazer do dia uma bênção.

Tanto o medo quanto a coragem precisam estar alinhados na corda do equilíbrio, já que um traz harmonia ao outro, visto que o medo e a coragem precisam achar a concordância entre si para não produzirem danos nas decisões. O medo também é necessário para nos alertar dos perigos. Não existem emoções superiores ou inferiores, existem as medidas certas das emoções para tomarmos as decisões.

Um ser humano corajoso pode pôr a mão no fogo, mas se ele não tiver um pouco de medo, pode haver graves consequências. Um medroso pode fugir de uma oportunidade se não tiver um pouco de coragem e perderá a esperança de mudar a sua vida.

A disciplina dói menos que o arrependimento. Minha infância foi nutrida pelos medos que decidiam o meu limite, me fazendo entrar em colapso nos momentos mais cruciais da minha jornada. O medo do *bullying*, do *cyberbullying*, dos pensamentos ocultos de terceiros, do sangrento teatro psíquico que abria as cortinas ao amanhecer e fechava-as ao anoitecer.

Os transtornos invisíveis causados pelos sofrimentos inaudíveis me eram comuns, assim como o despertador que me acordava ao raiar do sol. Como uma criança alegre, procurava um fio microscópico para tentar entrar no círculo que chamava de amizade. O medo risonho tentou fazer-me ser o que não sou, deturpando minha essência e fazendo o meu psiquismo naufragar nos temores entorpecidos. Estes tomaram o leme da clareza, navegando em águas obscuras e profundas.

Não somos nada perante a morte que ceifa a vida em grande velocidade. A questão é: o quanto você sabe escolher as cores certas para pintar a sua vida? As cores corretas fazem uma obra-prima, mas, em meio ao caos, à confusão, não vemos as cores que usamos para pintar, mal sentimos qual deveria ser a cor a escolher e o que poderia ser uma obra-prima vira uma realidade destrutiva em nossa vida.

O medo que vivenciamos é apenas um tempero. E quando o usamos em demasia, desenvolvemos um prato indigesto. E quando usamos tempero de menos, criamos um prato desprezível. O balanceamento é o que mantém a humanidade viva até hoje. Mas sabe quais são os temperos mais perigosos e viciantes, que ao serem apresentados produzem uma grande tentação? São eles: as drogas, o sexo e o dinheiro. Este grupo trino corrompe as zonas mais frágeis da mentalidade humana. Após o primeiro contato, se aproxima mais e mais e torna-se dia após dia um excelente *chef* de gastronomia que cria pratos tóxicos e os serve gratuitamente às pessoas.

Assim reflito e me pergunto: o que separa um sacrossanto de um ser impuro? Será o pecado, a corrupção ou as más escolhas? A resposta é não. O que os separa é a consciência desperta do sacrossanto, que aponta para os atos peçonhentos ao serem cometidos. É a consciência que nos mostra que, mesmo sabedores do erro, continuamos a cometê-los.

Não se engane, a culpa não está em cair incontáveis vezes, mas em aceitar a própria queda e permanecer caindo sem alarde, sem buscar evolução. A pior peste que se alastra nos cinco continentes não é a doença física, mas a doença moral que assola o caráter. Esta traz em si violência extrema se contada pelos anos praticados.

As emoções podem ferir e matar as pessoas. Essa afirmação me faz questionar a posição das indústrias farmacêuticas, visto que o século XXI está marcado pelo empreendedorismo e pelas estratégias lucrativas ao custo de uma população demasiadamente doente. Os empresários concluíram que o lucro com os remédios é altamente satisfatório a curto, médio e longo prazos, uma vez que a sociedade está perecendo subitamente e os remédios estão se esgotando cada vez mais rápido diante de pessoas sem o menor equilíbrio e controladas pelos exuberantes ventríloquos. A exemplo do medicamento Rivotril e do democrático Zolpidem e da Ritalina. Muitas pessoas não vivem sem receber suas dosagens diárias. Ficam apaixonadas por estas drogas e, ao se doparem, caem nos braços dos tarja preta. Esquecem-se de si mesmas.

O medo isola as pessoas e as prende em um vazio existencial. As justificativas advindas das famílias que tomaram consciência dos estados deploráveis dos seus entes queridos não estão mais sendo ouvidas. Ouso dizer que mais da metade da população mundial já está a meio caminho do despenhadeiro. A OMS (Organização Mundial da Saúde) declara que a depressão leva o ser humano a um estado muito grave e assim ela será uma doença que matará mais que o câncer e a Aids juntos.

Sendo assim, podemos dizer que a fome, as doenças na África, a guerra na Síria, na Ucrânia, no Iraque, no Afeganistao, o extermínio de judeus pelo nazismo, a pandemia da Covid-19 e a gripe espanhola não se comparam ao que está por vir. Vai ser um massacre emocional humano, pois estamos permitindo esta atrocidade ao darmos a última gota da nossa saúde mental.

Coloque em seu coração que o laço de família, que não precisa ser de sangue, precisa estar mais ativo do que nunca, porque em questão de emoção, somos bombas em contagem regressiva e, quando chegarmos ao 00:00 tempo, estaremos fragmentados, com deformidade física, emocional, social, financeira e espiritual. Para desarmar essa bomba emocional, é preciso apenas que uma alma humana entenda a dor e o sofrimento de outra alma humana. Afinal, só conseguimos evoluir ao criar laços com o nosso semelhante, que foi enviado por Deus. Isto ajudará a abrir os nossos olhos, que estiveram fechados pela ansiedade, depressão, culpa, ressentimento, rancor, raiva, mágoa e demais sentimentos nocivos.

Engana-se quem pensa que Deus não nos vê ou não nos ouve, ou não nos ajuda. Ele simplesmente está lá, nossos olhos carnais não O veem, mas Ele está lá, nos pequenos detalhes que engrandecem o tempo do ser humano que esteve sombrio, mas ao buscá-lo, por clamá-lo e por saber que os numerosos pecados não dignificam. Ele quer que o nome dEle seja pronunciado em nossas caminhadas ao Evangelho, porque Ele é Justo e Misericordioso. Esse Deus deu-me duas pessoas para cumprir o papel de pais, livrando-me do cativeiro no qual eu queria tanto entrar, Ele me amou, Ele me ama. E creio que isso é o suficiente para MUDAR o meu estado físico e as minhas emoções, para que as pessoas vejam através de mim o chamado do Senhor dos senhores, do Rei dos reis, o Pai de todos, o Criador das nações.

Não adianta ter tantos títulos acadêmicos, como doutorado, mestrado, MBA, ser PhD, se ainda resistimos ao chamado de Deus e nos mantemos analfabetos em seres humanos. O que move o mundo não são os nossos trabalhos, não é a gestão de qualidade, muito menos o saneamento básico, o que move o mundo somos nós, seres humanos, criadores e destruidores, amantes dos sorrisos e simpatizantes da tristeza, afortunados pela vida e amargurados pelas situações.

Não questione se você é feliz ou não, simplesmente acredite e faça por onde viver bem. Esta busca pode se tornar um grande desvio e levá-lo para a depressão. A rotina precisa ser feita, afinal.

Deus não nos fez para termos tempo livre, precisamos acordar cedo, trabalhar, fazer exercícios, ler, pois somente assim vencemos a guerra espiritual que acontece todos os dias. Não é fácil para ninguém, seja quem for.

Não entenda errado, o que quero dizer com tempo livre é quando você está sujeito às influências transitórias do dissabor que envolve a sua vivência. Isso só acontece quando você não faz nada. É tempo livre sem proveito algum.

E mais uma vez abordo a questão do medo devido ao transtorno que, quando em excesso, ele causa. Sabemos que o medo é uma criação de nossa mente e uma resultante das nossas emoções e de nossos sentimentos que são involuntários, que compõe a matriz da vida humana que acaba se manifestando em nosso corpo. Ciente desse entendimento, é viável ter conhecimento da justiça baseada na escolha do medo.

E o que é justiça? É colher o que plantamos.

O medo que criamos gera consequências desagradáveis e não podemos reclamar da justiça. Não há injustiça. O nosso corpo e as nossas ações e omissões são movidos pela nossa mente. Pensamos, comemos, cheiramos, tocamos, vemos, ouvimos e sentimos, deste modo é possível entrarmos em um casulo e sairmos diferentes do que entramos. É nossa consciência que sabe o que podemos e nos move para a ação.

Não sei quantas oportunidades perdemos na vida por não tentarmos. Não sei quantas chances tivemos e desperdiçamos por sermos capazes de conhecer a fundo a nós mesmos. Não sei o grau de prejuízos que levamos por termos duvidado da nossa própria capacidade.

Ajudar alguém que tem medo não é simples. Um psicólogo pode nos orientar para enxergar a verdade, mas este sentimento é nosso, particular para cada pessoa. A transformação somos nós que fazemos. Não há como alguém controlar as nossas emoções e vice-versa, portanto o que pode ser feito é nos tornarmos autocríticos e desenvolver autovalorização.

Cabe inteiramente a você dominar o medo e usá-lo para construir uma estrutura emocional sólida que o ajudará nas suas decisões. Ter força onde antes só havia ruínas. É da natureza humana cometer erros. Entenda que não somos grandes pelo número de acertos, mas pelo número de erros que cometemos, o que nos fez aprender a lição. Erramos em diversas áreas da nossa vida. E o medo pode ser limitante ou até mesmo, em alguns casos, paralisante, mas também serve como um gatilho da consciência para tomar decisões. Só não pode ser usado sem ter um norte que justifique o seu uso.

O interessante é que quem nasce deficiente já nasce com os sintomas do medo quando subjulgado pela "compreensiva" sociedade. O que é diferente aos olhos de quem nunca pensou fora da caixinha será sempre incompreensível. O risco de uma pessoa que nasce com a falta de algo é duplicado em comparação com alguém que nasce no estado perfeito. Deste modo, os *Deficientes* acham um jeito de usar o que podem nas condições em que estão para terem resultados efetivos, porém isso somente será realizado quando treinados.

Os clãs do autismo, da síndrome de Down, da surdez, da cegueira, da mudez, da imobilidade física e da incapacidade mental são poderosos, porque nunca em tempos normais houve tantos seres humanos com potenciais de ser sobre-humanos devido a uma causa – *Treinar o que tem sem reclamar do que não tem*. E os ditos seres fisicamente perfeitos deleitam-se no conforto e reclamam sem assumir riscos.

O pior inimigo não é o diabo nem a sua família nem a sua escola, faculdade ou trabalho, nem os seus amigos. O pior inimigo é aquele que se olha no espelho e vê o seu próprio reflexo. É aquele que pode se deixar ser influenciado pela sabotagem inconsequente por motivos pífios.

A pior versão de mim mesmo é justamente aquela que me conhece mais do que os meus pais, é aquela que sabe as dores ocultas, não confessadas a outrem, e essa sombra é fruto das consequências dos meus atos. Como resultado desta consciência, é indispensável batalhar para que os meus territórios mentais não sejam expurgados pela escuridão nem sucumbam às tentativas de maldade, me fazendo viver a vida submerso na infelicidade.

O esmero em ser o melhor não é para nos engrandecer perante os outros, e sim para que quando olharmos o outro como espelho aprendamos mais sobre nós mesmos.

Temos mania de usar algumas palavras, assim como temos facilidades em praticar alguns afazeres. Treinamos até estarmos refinados na comunicação, nos pensamentos e nas tarefas diárias. Após treinarmos constantemente o mesmo ato, faremos uma reprogramação mental e automaticamente a formação da nossa identidade. Se as palavras que saem da sua boca são negativas e compatíveis à crítica destrutiva, de desprezo, reclamação e inveja, é viável dizer que a mente alimentada por estas palavras nocivas está mais poluída do que as grandes cidades urbanas.

A geração do medo é movida por uma série de fatores, pelos seis sentidos, incluindo a propriocepção (sentido do corpo).

Eles nos conduzem à imaginação e, por decorrência dela, criamos uma imagem futura do que pode acontecer e, quando acontece a experiência, nossa imaginação cresce e se torna pensamento tomando forma, tornando-se real para a nossa mente. A nossa mente cria cenários inexistentes e tendemos a acreditar no inexistente. Consequência disso, pensamentos destrutivos geram ataque de pânico, respiração descontrolada, súbita ansiedade, delírio pelo futuro e descontrole emocional, nos tornamos antagonistas da nossa própria vida.

Dando fim à elucidação do sentimento que nos desperta as crises existenciais pelo futuro, nos fazendo abandonar o passado e desvalorizando o presente, colocando as quatro estações do ano em prisão perpétua devido aos conflitos mentais, encarcerados ficamos nas masmorras da vitimização.

Irei aclarar como a tirania (deficiência) do meu nascimento tornou-se democrática (D-Eficiência) a cada ano.

Usando da palavra predestinação consigo ver que, por intermédio do Divino, as minhas ações são resolutas, porém só consegui a tenacidade e a confiança em mim nos rugidos das intempéries que ocorreram nas situações categóricas respaldadas pela dor e pelo sofrimento. As coisas que eu não gostava de fazer devido à tirania da deficiência tornaram-me um aluno bastante aplicado na vergonha, me permitindo ser humilhado. Em vista disto, usei da força bruta para obter a linha tênue do respeito. Não gostava de falar com os atendentes das lojas, preferia resolver as coisas por conta própria, não queria ser ofendido por causa da deficiência. Só que o meu crescimento nas austeras estradas da vida estava sempre sendo reescrito por Deus e aos poucos comecei a evoluir, me tornei um aluno aplicado na gentileza e sentia empatia. Da tirania rumo à democracia. Nada acontece por acaso, pois tudo tem um motivo, até escrever este livro tem um motivo.

O cumprimento do meu dever mostrou-se sastifatório por duas razões:
- Meu pai lotou os sete dias da semana com tarefas que vão desde o exercício físico às atividades mentais, para que pudesse ficar ocupado com metas a serem alcançadas e não transtornado com o que não aconteceu.
- Minha mãe doou boa parte da sua juventude para que eu pudesse aprender o simples alfabeto e começasse a pensar por mim mesmo.

Estas duas razões não só me lapidaram uma, duas e três vezes, na realidade continuam me lapidando, pois o ensinamento nunca termina, ele está sempre presente nas nossas memórias, as quais levamos em nosso coração, e influenciam as nossas atitudes para poder escrever a nossa vida com consciência.

Como o Dr. Alex Alves é um distinto entusiasta das estratégias e do comportamento humano, foi me ensinado que o medo se alimenta da zona de conforto, que cria paredes prisioneiras inescapáveis na nossa mente, já que a "tranquilidade" e a "certeza" estão presentes. Não se engane pelas aparências tranquilas e domadas de certezas, pois elas brilham mais que o ouro falso. Essa zona de morte pode ser caracterizada como uma areia movediça que, de minuto a minuto, nos suga ao cume do profundo até que a luz seja mera poeira na escuridão. Nesse exato momento o nosso corpo e a respiração já deram seus últimos suspiros. Decretou-se a morte existencial.

Mova-se.

Não posso e não devo permitir ter uma vida insalubre, não devo colocar os problemas como prioridades, mas sim as soluções. A minha vida não é desenvolvida em consequência de terceiros, ela é exclusividade minha. Os momentos são efêmeros, então os faço eternos nas zonas memoriais. O meu coração vive não pelo sangue bombeado, mas por descobrir que a vida tem valor e por permitir uma história longa para os meus netos, bisnetos e talvez trisnetos.

O mundo não precisa de mais vontade, precisa de consistência nas suas vontades, pois fazer algo é fácil, fazer esse algo repetidamente sem pegar atalhos é difícil. O jogo da vida não possui *bug* (defeito ou falha em um programa que provoca seu mau funcionamento). Nossas capacidades e habilidades são testadas continuamente em fases diversas com graus de dificuldades diferentes, do estágio fácil ao avançado, que necessitam de uma versão de nós distinta para cada estágio para passarmos de fase. O inevitável sempre acontece e se perdemos alguma fase do jogo, nós precisamos decidir se apertamos o *Game Over* ou o *Play Again*.

No passado, eu esperava muito dos outros e exigia menos de mim mesmo. Vi que esse pensamento não iria expandir-me e decidi mudar essa equação. Exijo mais de mim mesmo e espero menos dos outros, porque os mesmos não farão por mim o que devo fazer. Materializar-me no protagonismo.

Não se esqueça de que o revisor da sua vida é o Divino, portanto produza ações tenazes e honestas, pois, caso contrário, Ele mudará. Mas atenção: *Deus não nos dá nada que não podemos suportar*.

Levando essa ciência em minha mente como um servo inutilizado que procura o mínimo senso de justiça nessa sociedade terminal, vi a oportunidade de expandir, mesmo com processos dificultosos, a minha convivência com Deus por intermédio da FÉ. Entendo que somente a vontade de Deus está emaranhada em minhas veias carmesins e seus puros mandamentos estão na primeira gaveta dos meus neurônios perecíveis. A minha mudança deve-se unicamente a Deus, visto que o Divino em toda a sua misericórdia viu em mim um alguém que peregrinava nas terras ermas do reconhecimento como um ninguém e seu amor absoluto fez-me um indivíduo resoluto.

Abraão, Isaque, Jacó, Josué, Jeremias, Davi, Salomão, Daniel, Elias e José possuíam maravilhosas qualidades que me serviram de inspiração para que a cada soar do sino da meia-noite eu pudesse ser um homem segundo o coração de Deus. Mesmo sendo um pecador nato, não deixarei de ser um fervoroso e consciente adorador dEle.

O meu esforço não é adquirido pela deficiência, mas por amar as intempéries da vida e as pessoas as quais são as responsáveis pelo meu tenro crescimento. O laço da minha família transformou-me em um ser humano diferente, com a certeza de abrir as asas solitárias para o céu do novo mundo.

Assumir o controle das minhas ações instituídas pela fé foi a melhor escolha que já fiz.

A intrigante resiliência

A frase a seguir faz parte do meu pensar e costumo dizer:

"Faça do seu corpo a sua obra-prima, faça da sua mente a sua progenitora".

Primeiro ajude a si mesmo, depois ajude as pessoas. De nada adianta ler livros de desenvolvimento pessoal e repassar o conhecimento adquirido se você não consegue ler a sua própria mente e aplicar os ensinamentos. A dor não vem primeiro, o cérebro a visualiza primeiro, por isso é imprescindível cuidar da sua mente, que tudo constrói ou destrói.

Observação importante: as pessoas sempre pensam conforme seus conhecimentos e experiências, é da natureza humana. Para não seguirmos o erro de outrem, é *só a gente discernir* o que é certo e feliz para nós mesmos.

O que o futuro reserva para mim? Quais são os meus planos? Vivo um dia de cada vez? Tenho muita sede em querer ser alguém? Tenho comando sobre mim?

A qualificação e o preparo são fragmentos consequentes do estudo e da dedicação inerentes ao desenvolvimento pessoal. O que o futuro reserva é baseado nos meus plantios. Os meus planos devem ser mantidos em silêncio. A vida é uma só, ela pode ser problemática ou amorosa, mas ela é uma só, não a perca.

Como posso não querer ser alguém quando o século XXI está saturado de maravilhas tecnológicas, realizadas por mentes brilhantes e empresas fantásticas, criadas em periferia por empreendedores que disseram "NÃO" à submissão à pobreza. Desenvolveram capacidades mentais ao se dedicarem um pouco mais para realizarem feitos notáveis.

O desempenho, tanto acadêmico como pessoal, continua sendo meu melhor feito por entreposto da educação nutrida pelas informações dos meus pais, que acreditaram convictamente na possibilidade de uma nova identidade humana que beira o extraordinário. Seria errado dizer que sou o único, há outros iguais a mim, espalhados nas Américas, nos continentes europeu, africano e asiático. Lutamos no mesmo campo de batalha – a mente. Desde o Ocidente ao Oriente, no prelúdio do período paleolítico (começo da pré-história), existem pessoas que se confinaram nas suas maiores dificuldades, fecharam-se para o mundo interno e permaneceram vítimas das suas próprias faces.

A vitimização tornou-se essencial para a modernidade, assim como a água o é para os seres vivos. Nunca antes o ventríloquo lucrou tanto com a obediência das marionetes, sob os aplausos sem sons, flores e cores. Existe cura para as doenças, tal como existe esperança para a humanidade. Existem pessoas que já cortaram as linhas que as controlam, pois decidiram escrever as suas próprias histórias, visto que por muito tempo estiveram fechadas e putrefeitas nos palcos de suas existências.

Ressalto que somos seres hunanos dotados de inteligência, nós criamos e destruímos, amamos e magoamos, sorrimos e choramos, somos seres escondidos atrás de nossas masmorras mentais, temamos o que podemos fazer, quando deveríamos temer o que Deus pode fazer.

"A vitória está reservada àqueles que estão dispostos a pagar o preço."

Sun Tzu

Autor do livro *A arte da guerra*, Sun Tzu baseia seu conhecimento na decifração de cenários, nos imprevistos previstos e, principalmente, em como montar o estratagema fundamentado no comportamento do seu inimigo. O general vê a desvantagem como vantagem, os obstáculos inimigos como sinais para a vitória. Saber exatamente o que tem que ser feito em condições desfavoráveis e com recursos escassos garante o sucesso na guerra.

O meu comando sobre mim é efetivo? Depende de como devo enxergar a deficiência. Se ela é uma parte do meu corpo que o torna limitante ou uma força catalisadora para a minha mente. É óbvio e sensato escolher o que pode levar-me mais além, visto que as minhas escolhas arquitetam as circunstâncias futuras. Portanto, uma mente fortalecida mediante o conhecimento vem a ser a progenitora de uma vida feliz.

"Se você conhece o inimigo e conhece a si mesmo, não precisa temer o resultado de 100 batalhas."

Sun Tzu

Todos têm um pensamento especial que levam em seus corações, e essa frase não é exceção, já que me mostra que devo me aceitar como sou e entender que o respeito advindo de terceiros só será adquirido quando eu respeitar a mim mesmo. Isso é saber agir e reagir nas controvérsias mutáveis, conforme advertência dada pelo meu pai. Meu psicólogo esclareceu-me que um surdo não é uma pessoa com incapacidade afetiva e cognitiva, nem detentora de limitação intelectual. Não se enquadra no cenário de "retardamento" mental. Conscientizou-me a me portar como tal, carregando o estandarte da resiliência. Tanto o meu pai quanto a minha mãe foram rigorosos, enquanto alguns pais "comuns" se mostrariam como incrédulos no que se diz a educação *"D-Eficiente"*.

Meus progenitores me ensinaram a ordem da vida:
Deus, família, saúde, estudo e Trabalho.

Deus como o vértice do meu sustento, porque dEle, por Ele e para Ele é que são todas as coisas. Se não colocarmos Deus em primeiro lugar, não teremos família, saúde, estudo e trabalho a contento. É como uma flor sem sol e sem água esperando o perecimento.

Não há nada mais valioso do que o patrimônio chamado família, que dignifica a nossa existência e formata a nossa identidade na Terra perante as outras pessoas.

O sucesso financeiro ou profissional não justifica o fracasso na saúde. O mesmo pode e deve ser sempre o fator primordial para a evolução humana, pois é através dela que toda a sintomatologia do corpo funciona bem.

Sem estudo não há progresso no trabalho. O estudo começa pela análise de si mesmo, em seguida na observação da sociedade. Ter um diploma acadêmico não garante ter estabilidade financeira, profissional e pessoal.

Sem trabalho não há como viver de forma digna. O provento dele garante as nossas necessidades e os nossos desejos.

Entendo que essa visão de mundo não permitirá que a nevasca mais brusca do inverno russo ou a seca mais forte no solo africano possam extinguir a minha vitalidade. Mesmo que as condições sejam assustadoramente adversas, são justas quando compreendidas e conhecidas em suas ações, consequentemente, podem até me abalar, mas não têm o poder de me derrubar.

Um bacharel em Direito só poderá exercer a advocacia quando prestar prova da OAB (Ordem dos Advogados do Brasil) e passar. Tal como um ser humano só poderá exercer humanidade quando prestar a prova e compreender o sentido da vida. Não é fácil e não há como estudar de antemão para não errar nas questões humanas. A taxa para fazer a prova é equivalente a sua vida. Deve-se pagar o preço, visto que não há como colar ou tentar adiar as respostas, e o tempo é inestimável, não há nada que o tempo não construa ou destrua.

Não subestime o tempo, por mais que seja comum pensar que ele cura tudo. Se fosse esse o caso, o tempo iria curar a minha deficiência. Iria curar o suicídio, a depressão, o genocídio mundial, o feminicídio e a fome no continente africano. Deve-se aprender o valor da vida juntamente com o tempo no minuto presente, e não no minuto adiado ou atrasado.

Temos dias ruins assim como temos dias bons na vida. Temos alegria assim como temos tristeza. Temos companhia em um momento e do mesmo modo temos a solidão minutos depois. Somos constantemente treinados pelos temperos que a vida nos dá para que os pratos fiquem mais saborosos. Somos afortunados por termos um passado que nos lembra o quanto evoluímos. Somos agraciados por vislumbrar um futuro abençoado que nos faz enxergar a mudança. Então por que sucumbir à ansiedade? Existimos no presente, por que negligenciar?

A responsabilidade por si mesmo é única e intransferível. Não podemos delegar o que sentimos, pensamos e fazemos, afinal não existe outro culpado pelas nossas escolhas a não ser nós mesmos.

O fato de nascer surdo é como a *cláusula pétrea* (não pode ser abolida nem alterada). A vista disso não devo reclamar, mas amar a Constituição de Deus por ter vindo ao mundo e entender que a jurisprudência (melhores parâmetros para resolver as situações) dEle sempre será melhor que a minha.

A minha dor serviu-me como um treinamento para a intrigante resiliência, ela foi-me imposta quando a mudança dos meus hábitos precisava de urgência. A cota de destruição mental estava quase atingindo o limite. A dor em si expurgou a minha alma, que estava enlameada e fragmentada, originando uma nova identidade e, desse modo, pude perceber que o mal pode ser pago com o bem.

O *bullying*, por mais que seja doloroso, abriu-me para uma nova visão de como deveria me portar diante da sociedade. Sinceramente, acredito que a força da gentileza pode superar a força do ódio. E a força da educação e do amor que recebi em casa permitiu-me sobreviver às cascatas de intimidações cruéis que me ofertaram.

A teoria da água precisa ser aplicada em nosso cotidiano. Observe que ela não tem forma, é transparente e flui às adversidades da corrente, não se deixa abater pelas rochas, sua força pode destruir rochas e o que estiver no seu caminho, mas ela segue o seu curso. A resiliência deve ser como a *água*. O estado da água é mutável e ela extrai o melhor que pode do ambiente.

Para cada aprovação que recebemos haverá centenas de reprovações. Ninguém cresce forte sem antes fortalecer-se, ninguém vence uma luta sem antes ter caído, ninguém acerta uma questão sem antes ter errado e depois estudado. Os problemas, quando vistos como benéficos, tornam-nos inteligentes, porém, quando vistos como exaustivos e desgastantes, tornam-nos mortos-vivos.

A desconstrução consciente começa pelas raízes, o indivíduo precisa ver quais raízes estão apodrecendo sob seus pés e como retirá-las para que surjam novas raízes firmadas em uma postura equilibrada.

Para conseguir as fortes raízes, devemos fazer um autodiagnóstico. Podemos nos enquadrar em uma das quatro categorias: *pardal, pombo, águia e urubu.*

PARDAL: aquele que se movimenta em bando sem uma direção específica, não possui clareza nos seus objetivos nem metas a serem seguidas. É letárgico no assunto da vida.

POMBO: aquele que se contenta com as migalhas jogadas no caminho por aqueles que detêm o poder. É dependente e viciado nas benécias alheias. Jamais controlará a própria vida.

ÁGUIA: aquele que voa por cima das tempestades e não perde tempo com incertezas, aumenta a sua distância dos problemas com soluções. Só mergulha com um alvo em mente. Rápida e precisa. Só come o que escolhe. A sua presa escolhida está viva e isso a faz esmerar-se nas caçadas para capturá-la. É solitária e não anda em bandos.

URUBU: aquele que se assemelha a esta espécie, come carniça, as sobras daqueles que já se fartaram. Colocam-se como lixeiros dos que dominam os meios de produção.

Percebe a diferença gritante? Então lhe pergunto, qual dessas quatro aves você gostaria de despertar em você?

Após examinar as categorais acima, podemos perceber o quanto a resiliência é importante na vida. Até nas coisas que parecem bem simples precisamos usar de resiliência. Um bom exemplo é o jogo digital Tetris, inventado na antiga URSS, em 1984. Ele consiste em empilhar as peças que descem a tela de maneira que completem as linhas. Porém, quando a linha fica completa, some da tela e novas camadas aparecem.

Podemos contextualizar o jogo e a manipulação das peças com a nossa vida. Se tentarmos nos encaixar em um mundo que não é nosso, por exemplo, em um grupo de má influência, com pessoas que demonstram pensamentos negativos, em um lugar que não nos convém, simplesmente não nos encaixaremos e desapareceremos.

A infelicidade sentida pode estar associada ao sistema perverso limitante. Somos absorvidos pelo mal que nos acontece com as nossas crenças restritivas. Lembre-se de que o suco da uva surge como resultado do esmagamento das uvas, fazendo surgir o néctar. Com a vida não é diferente, já que ela nos coloca na moenda e cabe a nós atingir o gosto da resiliência.

O nosso tempo é apenas uma fração da qual vivemos. Deveria ser proibido desperdiçá-lo por capricho e manutenção da vitimização. Nós não somos o reflexo da nossa dor, mas sim o que fazemos com ela. O infortúnio em descobrir que o momento em que estamos estabelecidos nos incomoda é o primeiro passo para se atingir a transformação íntima.

Como exemplo, cito um caso que ocorreu comigo no ensino médio. Houve um torneio de tênis de mesa e eu não tinha treinado o suficiente, jogava apenas por prazer, apesar de ter talento para o esporte. Veio o meu primeiro oponente, a quem devo o prazer de ter obtido um *insight* (clareza na mente). Esse jogador devolvia toda bola que rebatia e o meu desespero estava querendo tomar conta de mim. Porém percebi que precisava agir, visto que, mesmo devolvendo todas as minhas jogadas, não há como ter uma defesa impenetrável, dado que todos nós temos algum ponto fraco. Enquanto isso fui derrotado no primeiro *set*. Logo se caracterizou uma situação desfavorável, recheada de problemas, tanto visíveis quanto invisíveis. Antes de começarmos o segundo *set*, tive um *insight* após parar por um segundo e sentir o oxigênio inspirado voltar à normalidade. Descobri que o meu adversário só devolvia, porque eu estava jogando a bola na posição que ele queria, que era fácil para ele rebater. Quando tomei ciência da situação, mudei o meu pensamento e comecei a jogar contra os desejos do meu oponente, no lado contrário. Como eram quatro *sets*, o resultado me foi positivo, 3 a 1 para mim. Venci o torneio após derrotar três oponentes.

Às vezes nós precisamos de um momento de pausa nas situações que estão esgotando o nosso ar e nos colocando diante de um desafio. Atirar-se às cegas por falta de informações só fomentará a quebra de equilíbrio. A análise da situação mostra-se uma parte crucial para criar a estratégia. Assim, desperta a resiliência, gerando um bônus que permite a aquisição do conhecimento que antes não tinha. E foi isso que me levou a virar o jogo. Vi a minha força através da fraqueza. Só aprendemos a ser melhores fazendo o certo, e não nos debatendo com os nossos conflitos.

A família e o tempo são os nossos maiores patrimônios, e a dor iguala-se a essa máxima, uma vez que ela oferece a possibilidade de nos reinventar ao desconstruir o que somos para conceber uma chance de mudarmos a nossa vida. Mas podemos escolher ficar na inércia, sofrendo sem buscar a mudança, fazendo da dor a nossa metanfetamina, alegrando-nos por estar no olho do furacão. Se conhece alguém que age assim, mantenha-se afastado, pois essa pessoa escolheu a sentença prisioneira e não vai se responsabilizar pelos seus atos.

"Liberdade significa responsabilidade. É por isso que a maior parte dos homens a teme."

George Bernad Shaw

A *fé* é uma palavra pequena, mas com um poder estrondoso. A responsabilidade *não* é apenas uma palavra, é a obrigação de responder por seus atos, apesar dos conflitos que possam surgir.

O ter em detrimento do ser revelou-se partidário no reino dos homens. Esquecem as suas responsabilidades para terem temporariamente as riquezas materiais. Esquecem da saúde para terem as famas efêmeras. Adoecem pela ganância e sofrem e fazem sofrer por ignorância.

Posso ter tudo, mas se a custo de perder o que sou, perder a minha essência, não importa quantos dígitos tenho no cofre, quantos carros há na garagem, quantos aplausos há no palco, terei perdido tudo, porque o que eu sou permitiu-me chegar até onde cheguei e não posso me desfazer abertamente da minha essência para o *"ter"*, que é consequente do *"ser"*.

O mundo pode nos presentear com as riquezas que brilham mais que diamantes e com pessoas que nos bajulam pelo que nós podemos fazer por elas. Mas não se esqueça de que somos muito mais que objetos de desejo e prazer alheio. Somos seres humanos, dignos de amor e dignidade. Quando nascemos não tínhamos nada e também iremos a óbito sem levar nossos bens. O que restará são as folhagens em nossos túmulos com pedras marcadas com os nossos nomes.

O que nos separa das outras pessoas não é o *status*, a autoridade, os diplomas. O que cria um abismo entre nós e algumas pessoas é a nossa responsabilidade por nossas ações. Um rico pode ser pobre em seu solo mental, enquanto um pobre pode ter as melhores propriedades intelectuais.

O ser humano fisicamente normal não nasce perfeito, bem como um ser deficiente também não nasce perfeito. Não há ninguém perfeito com a vida perfeita, isso é mera utopia, algo que muitos desejam e até se matam para conquistar tamanha ilusão. O padrão de beleza agora tem que ser imposto pelas mídias, e não pelo que a pessoa vê em si. Somos seres humanos fascinantes com traços peculiares e precisamos ter um caso de amor com nós mesmos. Somos belos através do nosso espelho, e não no dos outros, florescemos pelas nossas ações, e não pelas ações das outras pessoas.

No meio do caos, nasce a diferença. Ela é a expressão do novo diante do velho, do paradigma diante do paradoxo. Um estilo de vida que nos limpa por inteiro e livra-nos do fardo de querer ser alguém que não somos. Permite-nos praticar boas ações e saber discernir o certo do errado. Abre os nossos olhos para vermos além das palavras e oportuniza a gentileza.

Só que contrariando o estoicismo (resignação diante do sofrimento, das adversidades e do infortúnio), as pessoas acabam admitindo, mesmo não querendo admitir:

"Sigo a boiada para não me sentir excluído".

Que jogue a primeira pedra quem nunca se omitiu de fazer a diferença no grupo ao qual pertencia para não ser rotulado de esquisito e não ser julgado como um potencial agente da diferença? A exclusão desperta-nos o medo (capítulo VII) e leva-nos a fazer concessões que nos violentam, fazendo-nos viver em harmonia pacífica com o senso comum. Quem age assim está muito longe da sua essência e a sua vida é um campo minado que quando pisar em falso acontecerá – *BUM!*

A boiada chama muita atenção, muita gente encontra-se nela e por ser a maioria as pessoas a seguem. Não sabem para onde estão indo, só seguem o movimento que as direciona para o próximo precipício, destruindo os seus valores pessoais com um etnocentrismo egoísta (alguém que considera o seu grupo étnico ou cultura o centro de tudo). Para participar da boiada terão que renunciar a seus princípios e como resultado não são mais pessoas independentes, mas sim uma parte da *"massa"*. Seguem um líder que as representa na ignorância de si mesmas.

Apaixone-se por si mesmo.

Tomando como exemplo um congresso em uma igreja do qual participei e pude sentir-me num lugar especial para jovens surdos. Nesse lugar não havia surdos oralizados iguais a mim, apenas os que utilizavam a Língua de sinais (Libras). Quando cheguei ao lugar, uma moça veio ao meu encontro e da minha amiga, perguntando verbalmente se eu me comunicava por Libras. Atenção a esse detalhe, ela falou com a minha amiga e não comigo. E quando me impus a falar, simplesmente ignorou-me, achando que eu não teria a capacidade de comunicar-me. Só depois que a minha colega disse que eu fazia leitura labial, a moça percebeu a minha presença. Nesse momento todos os que ali estavam me viram. Havia quatro intérpretes que se revezavam para dar suporte aos dois surdos que estavam presentes, e todos eles encaravam-me como se fosse um estranho e não acreditavam que existia alguém assim. A comunicação oralizada do surdo é realmente complexa em sua forma de ser e fazer. Nasci com perda severa profunda bilateral e apresento uma identidade incomum aos olhos dos intérpretes. A situação é equivalente a poder transformar os ateus em cristãos.

Teve um episódio interessante em outra ocasião, no qual a intérprete disse: *"Tu deverias aprender Libras, é a sua língua materna"*. Não acreditei que ATÉ no meio surdo há discriminação por ser diferente. Ser oralizado naquele instante pareceu para ela errado, já que se sentiu frustrada por poder fazer leitura labial e entendê-la sem precisar da Língua de sinais. Não generalizando com todas as intérpretes, é claro.

Tudo é uma questão de escolha. Meus pais escolheram essa vida da oralização e só posso fazer o que devo fazer na diferença, sabendo que existirá críticas, desvantagens e hesitações, mas nada que um bom conhecimento não possa liderar no campo de batalha.

A nobreza da vitória

A vitória só se torna nobre quando o preço é pago, quando as lágrimas criam rios, quando os nossos valores se transformam em pastos verdejantes e a humildade brilha sobre os campos.

Comecei o que seria inimaginável. Visto que falar em público já é difícil para a maioria dos ouvintes, imagine para um surdo oralizado que sempre foi alvo de crítica. Dificilmente encontramos um surdo oralizado que dê palestras para as pessoas. Entretanto, os surdos que utilizam Libras e os IC já palestram para um público seleto. Existe uma restrição para o compartilhamento de experiências entre surdos e ouvintes. Há uma barreira natural para essa comunicação. E eu, que não aceitava esta condição, não me contive com esse paradigma e resolvi quebrá-lo, inserindo-me como palestrante para falar sobre o universo da mente humana do ponto de vista *"D-Eficiente"* dentro do mundo dos ouvintes.

Eu criei o conceito D-Eficiência humana com o objetivo de transmutar a visão sobre os deficientes, saindo da visão reduzida, — *"deficiência"*, para uma mais digna e integralizada, *"D-Eficiência"*. A eficiência é possível quando temos capacitadores qualificados e com mentes abertas, dispostos a fazer-nos presentes na integração em nossa sociedade. Para ir mais longe é necessário muito esforço, aquele esforço extra.

Entender e não fazer é conhecimento desperdiçado. O que aprendi precisava ser praticado, a fim de poder me comunicar da maneira certa, possibilitando ao meu ilustre ouvinte ampliar a sua visão sobre o universo dos não ouvintes, ampliando sua perspectiva sobre a nossa capacidade.

E sabe quando comecei a praticar? Quando decidi dar as palestras constantemente. Essa percepção me levou à ação que me projetou nos palcos da vida. Fui convidado para fazer a minha primeira palestra no Plenário da Câmara Municipal de Itaguaí para um público audiente e também de deficientes auditivos. A primeira vez a gente nunca esquece, foi incrível. Hoje lembrar o quanto evoluí em comparação à primeira vez que palestrei é fantástico.

Naquele exato momento, ao pronunciar as primeiras palavras tímidas, já tinha decretado que o impossível se tornara possível. O esforço alinhado à vontade traz um resultado magnífico. E quando tomei consciência, vi que palestrar é totalmente diferente de me apresentar para um grupo na faculdade. Na palestra apresento a minha capacidade, passo ou não credibilidade, o meu conhecimento e a determinação.

O nervorsismo que incita aquele calor no peito é tão viciante que me faz querer senti-lo cada vez que subo no palco para mostrar a *"D-Eficiência humana"*. Falar sobre um estilo de vida impregnado no olhar da diferença. Ninguém é melhor do que ninguém, o único que pode ser melhor do que cada um de nós somos nós mesmos.

Infelizmente, o "pensar" extinguiu-se. As pessoas desperdiçam oportunidades de crescimento e de ser felizes. Não entendem que a curta estadia da vida está associada aos ensinamentos, às duras lições e à severidade, e por meio dessas podem se preparar para o amanhã.

Outra questão importante para o bem-estar e a felicidade é a sinceridade. Para muitas pessoas, a mentira é como os banhos que tomamos diariamente. O banho é necessário porque precisamos, para não cheirar mal. Assim é a mentira. Algumas pessoas mentem porque precisam se abastecer da inverdade. Mentem para esconderem a verdade, porém não se atentam que não podem se esconder de Deus. Ele vê e cobra caro. Um dia a verdade aparece e quem leva o merecido castigo é o mentiroso. A mentira torna-nos incapazes de amar a nós mesmos e, em consequência, a nossa mentalidade fica precária e não cultiva bons hábitos para florescer a verdade. Acima de tudo seja sincero!

É difícil encontrar alguém igual a você e a mim. Temos pensamentos diferentes e necessidades particulares, mas temos algo em comum, somos vistos por Deus do mesmo modo, seja na alegria, na tristeza, nas conquistas ou nos fracassos. Tudo o que nos aconteceu não foi por acaso, não foi para entrarmos em um labirinto sem fim, mas para que possamos renovar as nossas asas empoeiradas e tomar o céu que é nosso por direito.

Em todo o tempo agradeça ao Divino, porque, mais do que nós mesmos, somente Ele nos conhece, e devido a isso somos testados, provados, corrigidos e moldados para que possamos ser as melhores versões de outrora. Não há algo maior que defina a nobreza deste pensamento.

Haverá momentos de bonança, mas jamais devemos esquecer das tempestades, que auxiliaram no nosso desenvolvimento e nos fizeram crescer, amadurecer e evoluir. Nossa luta não precisa de um ponto final, mas de uma vírgula, para continuarmos escrevendo o próximo capítulo da nossa história.

Vale ressaltar que quando você se decepciona com a vida, ela continua seu curso mesmo sem você. Não existe um mar tranquilo em meio às tempestades, assim como um ser humano não ficará sereno mediante os conflitos mentais.

Não existem resultados sem disciplina, assim como não existe sucesso sem planejamento. É hora de ser inteligente e largar o vício nocivo que corrói as suas veias, o estresse que amargura os seus ossos, a vitimização que deturpa a sua mente. Está na hora de largar a incompreensão que aflige a sua vida para tomar uma posição sólida capaz de virar o jogo. Caso contrário, que Deus tenha misericórdia da sua alma, pois, além de exilar a si mesmo nos confins do esquecimento, você contribui para o extermínio da humanidade, colaborando com os desajustes que geram conflitos, doenças, poluição e até guerras.

A mente humana é apaixonante, visto que dentro dela estão as memórias mais alegres e as memórias mais melancólicas. Também estão os momentos festivos e os momentos sombrios.

Quem detém uma mente viva faz dela a sua aliada no treino que supera até o conhecimento da ciência. O mundo científico reúne cientistas sublimes que partem do desconhecido para grandes descobertas, porém muitos deles descobrem curas para doenças, mas desconhecem as suas próprias mentes.

O mundo empresarial agrupa gestores sagazes que negociam os melhores benefícios para suas empresas, mas temem negociar com a própria saúde mental. A humanidade criou apreço pelas profissões, pelos cargos, mas quando será que vai criar apreço pelas emoções? Quando vai deixar de criar apreço pelo que é material e começar a olhar para o que é essencial, para o que não tem preço?

Será que devo concluir que a população de todas as nações só conseguirá dar valor ao essencial após o adoecimento? A dar valor às pessoas queridas após seus perecimentos? Observe o Japão, um país de Primeiro Mundo, mas que, em questão de saúde mental, tem o maior índice de suicídio entre crianças e adolescentes em três décadas, influenciados pelos conflitos familiares, *ijime* (*bullying* japonês). Nos ambientes escolares há dúvidas sobre o futuro. Atrás de um país com notas exemplares e atitudes disciplinares impecáveis há um país chorando pelo anseio da valorização humana.

Os defeitos não são aceitos, a origem de quem somos não é respeitada e os valores morais que adquirimos são fragmentados. Tendo isso em mente, a nossa postura precisa ser solidificada, ou seja, uma vez que nos aceitamos, ninguém poderá atirar flechas encharcadas de veneno, pois elas não conseguirão nos atingir. Como somos arquitetos por natureza, construímos nossas fortalezas a partir de projetos aprovados pelo Divino. Ele nos corrige quando a nossa construção está falha, quando há um tijolo fora do lugar, o que pode causar o desabamento das nossas muralhas mentais.

A soma das nossas ações diárias torna-se realizações de um mês, um ano, uma década, ao longo de toda a nossa vida. Devemos construir a vida com blocos de concreto que duram e não apenas com areia, que não sustenta a construção e a faz desabar após a primeira ventania.

A nossa estadia nesse planeta é finita, mas as variáveis que nos compõem em suas particularidades são infinitas, porque como há bilhões de seres humanos, existem diversas histórias sendo contadas e criadas ao longo do infinito. Nunca haverá uma história que seja igual a outra. Faça a sua história valer a pena. O mundo carece de amor verdadeiro.

Não somos infalíveis, mas não é verdade que para tudo precisamos de alguém para nos ajudar a realizar. A maioria das ações para construir algo depende da nossa vontade e tomada de decisão. E só podemos contar com a ajuda de quem sabe se ajudar, pois já entendeu o valor do auxílio. Assim como para amar o outro, precisamos experienciar o amor-próprio, aquele sem arrogância, que reconhece o próprio valor.

Antes de pedir pelo outro, peça por si mesmo. Antes de decidir o que deve fazer, envie suas ponderações Àquele que está lá em cima.

"Porque Deus amou o mundo de tal maneira que deu o seu Filho unigênito, para que todo aquele que nele crê não pereça, mas tenha a vida eterna."

-João 3:16-

A relação que devemos ter com Deus é um fomento para a mudança da trajetória da nossa existência. Atente-se que, quando nós nos desviamos do caminho dEle, os planos não são cumpridos, mas espalhados como poeira. Nunca vi alguém que viveu em um hemisfério empoeirado respirando o ar da liberdade por força das atribulações difíceis e até impossíveis. A nossa vontade carnal pode nos dar as melhores condições no mundo físico, mas se ela não for equilibrada em detrimento da vontade espiritual, iremos fazer o mal a nós mesmos e àqueles que estão ao nosso redor. As escolhas são genitoras das consequências, e quando decidimos algo em um minuto decidimos para a vida inteira. Às vezes podemos voltar atrás em algumas decisões, mas em outras ocasiões não teremos como retornar. Então o que fazer?

"Só o conhecimento traz o poder."

Sigmund Freud

Eis o segredo para grande parte da humanidade que perecerá por falta de conhecimento, pois ainda não entendeu que é preciso fazer a sua parcela, pois Deus fará a dEle. As respostas tardarão e os problemas demorarão, mas dará tudo certo, porque você fez a sua parte e Deus fez a dEle no exato momento em que deveria fazer. Predestinação. Assim sendo, reconheça a si mesmo, reconheça as suas fraquezas, os seus medos, os seus erros. Esqueça o julgamento e não fique vivendo fazendo o seu senso de juízo a alguém sem saber a batalha que ele enfrenta, assim como ele não conhece as batalhas que você enfrenta.

A brincadeira amarelinha é um exemplo interessante para se observar. Os números de 1 a 10 são desenhados no chão e o ponto de chegada é o céu. A criança começa a dar partida bem antes de pisar no número, e quando pisa nesse número, ela não é a mesma de antes de pisar. Enquanto pisa nos demais números, ela não continua a mesma. A cada momento já não somos os mesmos, aprendemos mais alguma coisa, vimos algo novo, sentimos algo diferente, encontramos novas pessoas. A vida não é sobre objetivos, triunfos e linhas de chegada, é sobre quem você consegue se tornar durante a sua caminhada.

Um arqueiro tem em mente o seu alvo, olha, mira, calcula a força exata para puxar a flecha e conta com a ajuda precisa do vento. Não pensa em falhar, mas sim em acertar o alvo. Cria foco nas circunstâncias no momento que antecede o arremesso da flecha. Coloca a mão no alforje, pega a flecha e a coloca no arco, tenciona, construindo a mira até liberar a mesma na direção do alvo. Ele tem a crença de que irá ter sucesso. Dificilmente irá errar. O arqueiro limpa a mente e apenas coloca as informações relevantes e pertinentes que o levarão ao sucesso. Ele conseguiu. Só que antes de chegar nesse nível, foram mais de dez mil flechas arremessadas de forma errada por meio de cálculos equivocados. Treinou e acertou. Ele plantou e colheu. Houve temporadas nas quais a colheita não foi sastifatória, mas ele persistiu.

O padrão humano é ficar andando em círculos e nunca sair da inércia, porque não tem contato com o impossível. Criamos cativeiros e nos mantemos prisioneiros. Muitos indivíduos possuem lixos emocionais impregnados em seu interior e isso faz com que no primeiro instante ao olhar o alvo não o veja, mas veja os problemas que estão em seu caminho. Já falharam antes de atirar a flecha, já fracassaram antes de tentar, apenas por não terem limpado a mente. Desperdiçam o arremesso da oportunidade e violentam-se amargamente. Gastam tempo dizendo o que pode dar errado e não investem para dar certo.

Resistem em serem eternos aprendizes dos erros e das falhas, não submergem em suas fragilidades e potencialidades, porque o ego e o orgulho se fazem presentes. Esquecem que o feito é melhor do que o perfeito e o feito consciente é extremamente perfeito.

A arte milenar do arqueiro me foi o berço da consciência da disciplina e trouxe-me as visões do caminho do guerreiro. *A arte da guerra* de Sun Tzu, e o *Livro de provérbios*, do rei Salomão, levaram-me a abandonar as minhas velhas perspectivas para que pudesse compreender a deficiência e pudesse obter a autodescoberta firmada no reflexo do meu pensamento.

Você não precisa de muito, mas do pouco disciplinado. Porque o muito sem disciplina é como o pó solto ao vento. Não ter disciplina é planejar e viver o fracasso. Caminhamos mais e cansamos menos, porque entendemos que não há limite em virtude do despertar da consciência que rasgou as crenças limitantes.

"Entrega o teu caminho ao Senhor; confia nele, e ele o fará".
-Salmos 37:5-

Seja mentorado por Deus. Ele nos deu o poder de dominar os peixes do mar, as aves do céu, os animais grandes de toda a terra e sobretudo os pequenos animais que se movem rente ao chão. Ele nos concedeu o privilégio de termos a evolução. Evoluímos para ajudar a nossa geração vindoura a não perecer pelos seus próprios dogmas corruptíveis.

"Os homens devem moldar seu caminho. A partir do momento em que você vir o caminho em tudo o que fizer, você se tornará o caminho."

Miyamoto Musashi

O *Evangelho aliado ao Bushidô* (*O caminho do guerreiro*) torna uma pessoa errante em um grande ser humano. Seus valores morais e éticos engrandecem a sua alma pela conduta de honra e respeito por si e pelo seu oponente. Os samurais acreditavam que cada momento deveria ser vivido como se fosse o último e que cada ente querido deveria ser respeitado.

No período do Japão feudal as guerras e os conflitos eram comuns e seus segundos nas pelejas abrasadoras precisavam ser feitos com máximo empenho, já que em suas mentes entenderam que a vida se resume no agora, pois o ontem já passou e o amanhã nunca chegará. O tempo em que vivemos é contínuo no chamado presente.

O *bushidô* nos ensina como as pessoas podem levar uma vida melhor, mais justa e com integridade enraizada nos valores.

Os sete princípios do caminho do guerreiro *(bushidô)* dos samurais:

Justiça – Seja íntegro com todos à sua volta, não importa se você não é visto fazendo o certo, faça o certo sem esperar nada em troca.

Coragem – Viva ao máximo e intensamente. Jamais esconda-se, a vida não poupa ninguém, não seja inteligentemente tolo. Saiba agir com cautela.

Compaixão – Ame a si mesmo e aos outros. Tenha misericórdia dos seus inimigos, eles não te conhecem.

Respeito – Respeite a si mesmo e os outros te respeitarão. Seja humilde e deixe os resultados falarem por si.

Honestidade – Não cause desonra para si nem para a sua família, muito menos para o seu Deus, com mentiras pífias.

Honra – As suas escolhas e a maneira como você as faz são um reflexo de quem você é. Jamais poderá esconder-se de si mesmo.

Lealdade – A quem nós devemos ser leais? A Deus. A nossa provisão é rica no que se diz ao tamanho conhecimento para o nosso desenvolvimento, uma vez que não podemos limitar-nos nas escolas, nas faculdades, nos trabalhos e na vida. Essas fases de travessia são apenas as rotinas diárias e mesmo assim não param o caos que vem da terra do sol nascente até o sol poente. A responsabilidade é a mãe das nossas ações. E o que as boas mães fazem quando cometemos ações inaceitáveis? Somos castigados.

O rei Salomão foi um homem magnificamente sábio ao originar os provérbios que elaboram o novo para o caráter errático. Um livro vital para a formação ética e moral, assim como o *bushidô*.

"O temor do SENHOR é o princípio do saber, mas os loucos desprezam a sabedoria e o ensino."

-Provérbios 1:7-

Ele me ofereceu a chance de entrar nesse mundo como deficiente para que através de mim as pessoas vejam Deus, porque só Ele pôde permitir o transcender da minha educação como um alguém diferente aos olhos da sociedade comum. Só pude ser destacado porque precisei ir para a dor e o sofrimento. Caso contrário, a minha mente não faria parte do mundo livre. Ame-se, ame as pessoas e acima de tudo ame a Deus.

Sou apenas um servo inútil, o menor da casa, que apenas viu o que não ouviu, e isso me fez libertar as asas presas pelas correntes fictícias do ser amargamente deficiente para chegar ao ato no qual o bater das asas levaria-me aos céus da *"D-Eficiência Humana"*.

Considerações finais

Você é um ser único. Deus te ama. Então, tome vergonha na cara e conduza o seu destino pela estrada da felicidade divina que Ele te concede.

Este livro foi impresso na gráfica Impress,
em junho de 2022.